传世励志经典

U0654876

一谏一风节

中国古代励志谏言

言 心 编著

中华工商联合出版社

图书在版编目（CIP）数据

一谏一风节：中国古代励志谏言/言心编著. --
北京：中华工商联合出版社，2015.8
ISBN 978-7-5158-1353-0

Ⅰ. ①一… Ⅱ. ①言… Ⅲ. ①奏议－汇编－中国－古
代 Ⅳ. ①K206.5

中国版本图书馆 CIP 数据核字（2015）第 143487 号

一谏一风节
——中国古代励志谏言

编　　者：言　心
出 品 人：徐　潜
策划编辑：魏鸿鸣
责任编辑：崔红亮
封面设计：周　源
责任审读：李　征
责任印制：迈致红
营销总监：曹　庆
营销推广：王　静　万春生
出版发行：中华工商联合出版社有限责任公司
印　　刷：天津旭丰源印刷有限公司
版　　次：2015 年 9 月第 1 版
印　　次：2023 年 4 月第 4 次印刷
开　　本：710mm×1020mm　1/16
字　　数：200 千字
印　　张：12.25
书　　号：ISBN 978-7-5158-1353-0
定　　价：39.80元

服务热线：010－58301130
销售热线：010－58302813
地址邮编：北京市西城区西环广场 A 座
　　　　　19－20 层，100044
http://www.chgslcbs.cn
E-mail：cicap1202@sina.com（营销中心）
E-mail：gslzbs@sina.com（总编室）

序

　　为了给《传世励志经典》写几句话，我翻阅了手边几种常见的古今中外圣贤大师关于人生的书，大致统计了一下，励志类的比例，确为首屈一指。其实古往今来，所有的成功者，他们的人生和他们所激赏的人生，不外是：有志者，事竟成。

　　励志是动宾结构的词，励是磨砺，志是志向，放在一起就是磨砺志向。所以说，励志不是简单的立志，是要像把刀放在石头上磨才能锋利一样，这个磨砺，也不是轻而易举地摩擦一下，而是要下力气的，对刀来说，不仅要把自身的锈磨掉，还要把多余的部分都要毫不留情地磨掉，这简直是一场磨难。所有绚丽的人生都是用艰难磨砺成的，砥砺生命放光华。可见，励志至少有三层意思：

　　一是立志。国人都崇拜的一本书叫《易经》，那里面有一句话说："天行健，君子以自强不息。"这是一种天人合一的理念，它揭示了自然界和人类发展演化的基本规律，所以一切圣贤伟人无不遵循此道。当然，这里还有一个立什么样的志的问题，孔子说："士不可以不弘毅，任重而道远。"古往今来，凡志士仁人立的都是天下家国之志。李白说：大丈夫必有四方之志，白居易有诗曰：丈夫贵兼济，岂独善一身，讲的都是这个道理。

二是励志。有了志向不一定就能成事，《礼记》里说："玉不琢，不成器。"因为从理想到现实还有很大的距离。志向须在现实的困境中反复历练，不断考验才能变得坚韧弘毅，才能一步一个脚印地逐步实现。所以拿破仑说：真正之才智乃刚毅之志向。孟子则把天将降大任于斯人描述得如此艰难困苦。我们看看历代圣贤，从世界三大宗教的创始人耶稣、穆罕默德、释迦牟尼到孔夫子、司马迁、孙中山，直至各行各业的精英，哪一个不是历经磨难终成大业，哪一个不是砥砺生命放射出人生的光芒。

三是守志。无论立志还是励志都不是一朝一夕、一蹴而就的，它贯穿了人的一生，无论生命之火是绚丽还是暗淡，都将到它熄灭的最后一刻。所以真正的有志者，一方面存矢志不渝之德，另一方面有不为穷变节、不为贱易志之气。像孟子说的那样："富贵不能淫，贫贱不能移，威武不能屈。"明代有位首辅大臣叫刘吉，他说过：有志者立长志，无志者常立志，这话是很有道理的。

话说回来，励志并非粘贴在生命上的标签，而是融汇于人生中一点一滴的气蕴，最后成长为人的格调和气质，成就人生的梦想。不管你做哪一行，有志不论年少，无志空活百年。

这套《传世励志经典》共收辑了100部图书，包括传记、文集、选辑。为励志者满足心灵的渴望，有的像心灵鸡汤，营养而鲜美；有的就是萝卜白菜或粗茶淡饭，却是生命之必需。无论直接或间接，先贤们的追求和感悟，一定会给我们带来生命的惊喜。

徐　潜

前　言

谏言，就是规劝君主、尊长或朋友，使其改正错误的言论。

几千年来，我国古代的贤德之士，无不以古为鉴，从前人的文字中，寻找修身、齐家、平天下的智慧。而借鉴前人的智慧反观现实社会中的行为准则，又是必要的。要想取得大成功，必须依靠众人的力量，必须接纳各方面的意见和建议。

忠言大多逆耳，却是前进路上的云梯；谄媚固然像蜜糖，稍不留意，却可能成为绊脚石。自古善于纳谏，广开言论者，不仅能完善自身，更能促进国家的繁荣和富强。

《淮南子·主术训》中有"尧置敢谏之鼓，舜立诽谤之木"的记载。相传在四千多年前的尧舜时代，朝廷门前曾设置谏言之鼓，让天下的百姓皆尽其言；还设立诽谤之木（也叫谤木、桓表、华表木），让老百姓指出君王的错误。这样一来，国家得治，万邦和睦共处。

当然，有时候直言陈书、犯颜直谏也带有一定的风险性。在古代，也不乏这样的例子。比如中国历史上记载的夏朝史官大臣关龙逄，因忠谏而被夏桀所杀；司马迁曾因直谏被施以宫刑；孔子的二十世孙孔融，建安七才子之一，四岁让梨妇孺皆知，却因傲纵株连全家死在谏言上；名臣魏徵因为大胆直言几次入狱，好在当时的皇帝唐太宗比较开明和仁德，才免得受苦。正所谓"君仁则臣直"，魏徵死后，唐太宗说："以铜为镜，可正衣冠；以古为镜，可知兴替；以人为镜，可明得失。魏徵没，朕亡一镜矣！"足见谏言的意义之深远。

　　白古谏臣都秉持着"达则兼济天下"的传统，不忘自身为官立命的根本准则，即使冒着风险也在所不惜，正是因为有了这样一批有风骨和气节的人存在，也在一定程度上影响着历史和人文的面貌。

　　本书遴选中国古代的励志谏言，将谏臣满怀风骨和气节的形象展示给了读者，也让读者看到了其胸怀天下的气度。所选作品题材广泛，内涵丰富，可读性强，皆是前人的智慧之言，方便读者阅读和学习。

目 录

先

秦

皋陶谟①

（先秦）《尚书》

【题　解】

本篇记录了皋陶与禹讨论如何实行德政治理国家的问题。皋陶提出了"慎身"、"知人"、"安民"的主张。主要是：严格地要求自己，提高自身的品德修养；任人唯贤；安定民心。同时要顺从天意，遵循尊卑等级制度，处理好道德伦常关系。

《皋陶谟》是我国最早最完整的会议记录。读这篇讨论政事而又满是文采的实录，对我们的写作和创作颇有借鉴意义。

【原　文】

曰若稽古。皋陶曰："允迪厥德，谟明弼②谐。"

禹曰："俞，如何？"

皋陶曰："都！慎厥身，修思永。惇叙九族，庶明励翼，迩可远，在兹。"

禹拜昌言曰："俞！"

皋陶曰："都！在知人，在安民。"

禹曰："吁！咸若时，惟帝其难之。知人则哲，能官人。安民则惠，黎民怀之。能哲而惠，何忧乎骧兜？何迁乎有苗？何畏乎巧言令色孔壬？"

皋陶曰："都！亦行有九德。亦言，其人有德，乃言曰，载采采。"

禹曰："何？"

皋陶曰："宽而栗^③，柔而立^④，愿而恭，乱而敬，扰而毅，直^⑤而温，简而廉，刚而塞，强而义。彰厥有常吉哉^⑥！

"日宣^⑦三德，夙夜浚明有家；日严祗敬六德，亮采有邦。翕受敷施，九德咸事^⑧，俊乂在官。百僚师师，百工^⑨惟时，抚于五辰，庶绩其凝。

"无教逸欲，有邦兢兢业业，一日二日万几。无旷庶官^⑩，天工，人其代之。天叙有典^⑪，勑^⑫我五典五惇哉！天秩有礼^⑬，自我五礼有庸哉！同寅协恭和衷哉！天命有德，五服^⑭五章哉！天讨有罪，五刑五用哉！政事懋^⑮哉懋哉！

"天聪明，自我民聪明。天明畏，自我民明威。达于上下，敬哉有土！"

皋陶曰："朕言惠可厎行？"

禹曰："俞！乃言厎可绩。"

皋陶曰："予未有知，思曰赞赞襄哉。"

【注　释】

①皋陶，也称咎繇，是传说中舜至夏初的名臣，掌管刑律狱讼。谟，《说文》："议谋。"

②弼：辅佐。这里指辅佐君王的臣子。

③栗：战栗。这里是谨慎的意思。

④柔：温和。立：有独立的见解。

⑤直：正直。

⑥彰：彰显，明显。

⑦宣：显示，表现。

⑧事：从事，担任某种职务。

⑨百工：百官。

⑩旷：空旷。这里指虚设。庶官：百官。

⑪叙：秩序。这里指规定人与人的伦常秩序。典：常法。

⑫勅（chì）：同"敕"，告诫。

⑬秩：秩序。这里指规定人的尊卑等级。

⑭五服：天子、诸侯、卿、大夫、士五等礼服。

⑮懋：勤勉，努力。

洪 范①

（先秦）《尚书》

【题 解】

《洪范》篇的纲要，即"洪范九畴"，提出了帝王治理国家必须遵守的九种根本大法。九类治国大法出现在四千多年以前，历经一千多年的实践验证，方由史官写就。内容丰富，思想精辟，影响深远。

中国古代有《河图》、《洛书》的美妙传说。相传伏羲观龙马出河，遂则其文以画八卦，是为《河图》；大禹治水，洛水出神龟，背有文，其数至九，禹遂因而第之，成《洛书》。据说《洛书》就是本篇"初一曰五行"至"威用六极"六十五字，而夏商周三代传承，到周武王时终于成就此篇。前者《河图》用以预卜人事吉凶，后者《洛书》则成为治国安邦的法典，历代相传，堪称中国文化史中的瑰宝，蕴含着中国传统的真理论和价值观，是中国固有的文化精神的重要体现。

【原 文】

武王胜殷，杀受，立武庚②，以箕子③归。作《洪范》。

惟十有三祀，王访④于箕子。王乃言曰："呜呼！箕子，惟天阴骘下民，相协厥居，我不知其彝伦攸叙。"

箕子乃言曰："我闻在昔，鲧陻⑤洪水，汨陈其五行。帝乃震怒，不畀洪范九畴，彝伦攸斁⑥。鲧则殛死，禹乃嗣兴，天乃锡禹洪范九畴，彝伦攸叙。"

"初一曰五行，次二曰敬用五事，次三曰农用八政，次四曰协用五纪，次五曰建用皇极，次六曰乂用三德⑦，次七曰明用稽疑，次八曰念用庶征，次九曰向用五福，威用六极。"

"一、五行：一曰水，二曰火，三曰木，四曰金，五曰土。水曰润下，火曰炎上，木曰曲直，金曰从革，土爰稼穑⑧。润下作咸，炎上作苦，曲直作酸，从革作辛，稼穑作甘。"

"二、五事：一曰貌，二曰言，三曰视，四曰听，五曰思。貌曰恭，言曰从，思曰睿。恭作肃，从作乂，明作晰，聪作谋，睿作圣。"

"三、八政：一曰食，二曰货，三曰祀，四曰司空，五曰司徒，六曰司寇，七曰宾，八曰师。"

"四、五祀：一曰岁，二曰月，三曰日，四曰星辰，五曰历数。"

"五、皇极：皇建其有极。敛时五福，用敷锡厥庶民，惟时厥庶民于汝极。锡汝保极：凡厥庶民，无有淫朋，人无有比德，惟皇作极。凡厥庶民，有猷有为有守，汝则念之。不协于极，不罹于咎，皇则受之。而康而色，曰：'予攸好德。'汝则锡之福，时人斯其惟皇之极。无虐茕独⑨而畏高明；人之有能有为，使羞其行，而邦其昌。凡厥正人，既富方谷，汝弗能使有好于而家，时人斯其辜⑩。于其无好德，汝虽锡之福，其作汝用咎。无偏无陂，遵王之义；无有作好，遵王之道；无有作恶，遵王之路。无偏无党，王道荡荡；无党无偏，王道平平；无反无侧，王道正直。会其有极，归其有极。曰：皇极之敷言，是彝是训，于帝其训。凡厥庶民，极之敷言，是训是行，以近天子之光。曰天子作民父母，以为天下王。"

"六、三德：一曰正直，二曰刚克，三曰柔克。平康正直，强弗友刚克，燮友柔克。沈潜刚克，高明柔克。惟辟作福，惟辟作威，惟辟玉食。臣无有作福作威玉食。臣之有作福作威玉食，其害于而家，凶于而国。人用侧颇僻，民用僭忒①。"

"七、稽疑：择建立卜筮②人，乃命卜筮。曰雨，曰霁，曰蒙，曰驿，曰克，曰贞，曰悔，凡七。卜五，占用二，衍忒。立时人作卜筮。三人占，则从二人之言。汝则有大疑，谋及乃心，谋及卿士，谋及庶人，谋及卜筮。汝则从，龟从，筮从，卿士从，庶民从，是之谓大同。身其康强，子孙其逢，吉。汝则从，龟从，筮从，卿士逆，庶民逆，吉。卿士从，龟从，筮从，汝则逆，庶民逆，吉。庶民从，龟从，筮从，汝则逆，卿士逆，吉。汝则从，龟从，筮逆，卿士逆，庶民逆，作内吉，作外凶。龟筮共违于人，用静吉，用作凶。"

"八、庶征：曰雨，曰旸，曰燠，曰寒，曰风；曰时。五者来备，各以其叙，庶草蕃庑③。一极备，凶；一极无，凶。曰休征：曰肃，时雨若；曰乂，时旸若；曰晰，时燠若；曰谋，时寒若；曰圣，时风若。曰咎征：曰狂，恒雨若；曰僭，恒旸若；曰豫，恒燠若；曰急，恒寒若；曰蒙，恒风若。曰王省惟岁，卿士惟月，师尹惟日。岁月日，时无易，百谷用成，乂用民，俊民用章，家用平康。日月岁，时既易，百谷用不成，乂用昏不明，俊民用微，家用不宁。庶民惟星，星有好风，星有好雨。日月之行，则有冬有夏。月之从星，则以风雨。"

"九、五福：一曰寿，二曰富，三曰康宁，四曰攸好德，五曰考终命⑭。六极：一曰凶、短、折，二曰疾，三曰忧，四曰贫，五曰恶，六曰弱。"

【注　释】

①洪范，就是统治大法。《尚书》中的《洪范》篇，是研究中国古代治国方略的重要典籍。

②武庚：殷纣王的儿子。

③箕子：殷纣王的叔父。

④王：周武王。访：咨询。

⑤鲧：夏禹父亲的名。陻：堵塞。

⑥致：败坏。

⑦乂：治，这里指治民。

⑧土爰稼穑：土里可以种植、收获农作物。

⑨茕独：孤独，泛指无依无靠的人。

⑩辜：责怪。

⑪僭忒：越轨作恶，这里指犯上作乱。

⑫卜筮：古时占卜，用龟甲占吉凶叫作卜，用蓍草占吉凶叫作筮。

⑬蕃庑：指草长得茂盛。

⑭考：老。考终命，老而善终。

宫之奇谏假道

（先秦）《左传》

【题　解】

　　春秋时期，齐桓公建立霸业的同时，晋献公也在忙着对外扩张，他的近邻虢国和虞国，自然而然就成了牺牲品。

　　公元前655年，晋国向虞国借道攻打虢国，其实想趁虞国不备，先灭虢再灭虞。虞国大夫宫之奇很有远见，识破了晋国的野心，于是力谏虞公不可迷信宗族关系。本文从三个方面进行论述，先是分析了形势，接着论情，最后说理，语言简洁贴切，很有说服力。但由于虞公未听良言，终致亡国被俘。

【原　文】

　　晋荀息请以屈产之乘与垂棘之璧，假道于虞以伐虢①。公曰："是吾宝也。"对曰："若得道于虞，犹外府也。"公曰："宫之奇②存焉。"对曰："宫之奇之为人也，懦而不能强谏。且少长于君，君昵之。虽谏，将不听。"乃使荀息假道于虞，曰："冀为不道，入自颠轸，伐鄍三门。冀之既病③，则亦唯君故。今虢为不道，保④于逆旅，以侵敝邑之南鄙。敢请假道，以请罪⑤于虢。"虞公

许之，且请先伐虢。宫之奇谏，不听，遂起师。夏，晋里克、荀息帅师会虞师，伐虢，灭下阳⑥。（以上僖公二年）

晋侯复假道于虞以伐虢。宫之奇谏曰："虢，虞之表也。虢亡，虞必从之。晋不可启，寇不可玩。一之谓甚，其可再乎？谚所谓'辅车相依，唇亡齿寒'者，其虞虢之谓也。"公曰："晋，吾宗⑦也，岂害我哉？"对曰："大伯、虞仲，大王之昭也；大伯不从，是以不嗣。虢仲、虢叔，王季之穆也，为文王卿士⑧，勋在王室，藏于盟府⑨。将虢是灭，何爱于虞？且虞能亲于桓、庄乎，其爱之也？桓、庄之族何罪，而以为戮，不唯偪乎？亲以宠偪，犹尚害之，况以国乎？"公曰："吾享祀丰⑩絜，神必据我⑪。"对曰："臣闻之：'鬼神非人实亲，惟德是依。'故《周书》曰：'皇天无亲，惟德是辅。'又曰：'黍稷非馨，明德惟馨⑫。'又曰：'民不易物，惟德繄物。'如是，则非德民不和，神不享矣。神所冯依，将在德矣。若晋取虞，而明德以荐馨香，神其吐之乎？"弗从，许晋使。宫之奇以其族行，曰："虞不腊矣⑬。在此行也，晋不更举矣⑭。"

冬，十二月丙子朔⑮。晋灭虢。虢公丑⑯奔京师。师还，馆于虞，遂袭虞，灭之。执虞公及其大夫井伯，以媵秦穆姬⑰，而修虞祀，归其职贡于王。

【注　释】

①晋：姬姓国，侯爵。在今山西省西南部。乘：四匹马，这里用作马的泛称。假道：借路。虞：姬姓国，公爵。虢：姬姓国，公爵。

②宫之奇：虞国的大夫。

③病：削弱。这里指晋曾助虞伐冀，使其受损。

④保：堡垒。这里指修建堡垒。

⑤请罪：问罪。

⑥下阳：虢的故都。

⑦宗：同宗。晋、虞、虢都是姬姓国，属于同一祖先。

⑧卿士：中国古代官名，源于商，执政官。

⑨盟府：古代掌管盟约及其他重要档案的官府。

⑩丰：丰富。

⑪据：保佑。

⑫黍：北方称黄米，色黄，煮熟后有黏性。稷：小米，北方称谷子。黍稷是古代祭祀常用的谷物。馨：香气散布很远。

⑬腊：年终的大祭。

⑭更：再，又。举：出兵。

⑮朔：每月初一。

⑯虢公丑：虢君，名丑。

⑰媵：陪嫁的人或物品。秦穆姬：秦穆公的夫人，晋献公的女儿。

晏婴论"和"与"同"

（先秦）《左传》

【题　解】

　　"和"与"同"是中国古代哲学的两个范畴。春秋末期，晏婴用形象的比喻对齐景公做了说明。"和"就像佐料的相互调和，像音律之间的配合。"同"就像"以水济水"，像"琴瑟之一专"。晏婴还把这个观点延伸到君臣关系上，批评了梁丘据对君王的一味奉承。本文精辟透彻，具有思辨性。

【原　文】

　　齐侯至自田^①，晏子待于遄台，子犹驰而造焉^②。公曰："唯据与我和夫！"晏子对曰："据亦同也，焉得为和?"公曰："和与同异乎?"对曰："异。和如羹焉^③，水、火、醯、醢、盐、梅^④，以烹鱼肉，燀之以薪^⑤，宰夫和之^⑥，齐之以味^⑦；济其不及^⑧，以泄其过^⑨。君子食之，以平其心。君臣亦然。君所谓可而有否焉，臣献其否以成其可^⑩；君所谓否而有可焉，臣献其可以去其否。是以政平而不干，民无争心。故《诗》曰：'亦有和羹，既戒既平。鬷嘏无言，时靡有争。'先王之济五味、和五声也，以平其心，成其政也。声亦如味，一气、二体、三类⑪、四物、五声、六律⑫、七音⑬、八风、九歌⑭，以相成也，清浊、小大、短长、疾徐、哀乐、刚柔、迟速、高下、出入、周疏，以相济也。君子听之，以平其心。心平，德和。故《诗》曰：'德音不瑕'。今据不然。君所谓可，据亦曰可；君所谓否，据亦曰否。若以水济水，谁能食之？若琴瑟之一专，谁能听之？同之不可也如是。"

【注　释】

①田：打猎，此处指打猎的地方。

②子犹：齐大夫梁丘据的字。造：到访。

③羹：以肉为主调和五味（醋、酱、盐、梅、菜）做成的带汁食物，也叫和羹。

④醯（xī）：醋。醢（hǎi）：掺入肉末做成的酱。

⑤燀（chǎn）：用柴火烧煮。

⑥和：味道的调和。

⑦齐：调配比例，使之适中。

⑧济：增加。

⑨泄：减少。

⑩献：进言献策。

⑪三类：《诗经》中的风、雅、颂。

⑫六律：指黄钟、太簇、姑洗、蕤（ruí）宾、夷则、无射六种乐律，分别用来指乐调的高低。

⑬七音：宫、商、角、徵、羽、变宫、变徵等音阶。

⑭九歌：歌颂九功之德。九功指水、火、木、金、土、谷、正德、利用、厚生。

文公任贤与赵衰举贤

（先秦）《晋语》

【题　解】

　　晋文公任人唯贤，以德行和才干为原则选择军队将领。赵衰作为其大夫，曾先后推举郤縠、栾枝、先轸、胥臣、先且居、箕郑、胥婴、先都等贤才来辅佐君王，自己却三次推让不当卿、将，得到晋文公的赞赏。晋文公的称霸离不开他对人才的重视。赵衰作为辅佐晋文公称霸的五贤士之一，能一心为国家推举人才，不计较个人名位的思想行为，也是极为可贵的。

　　有远见卓识的政治家都会重视举贤任能。从本文也可看出，尊重知识和人才，对于国家振兴所起关键性作用。

【原　文】

　　文公问元帅①于赵衰，对曰："郤縠②可，行年五十矣，守学弥惇③。夫先王之法志④，德义之府也。夫德义，生民之本也。能惇笃者，不忘百姓也。请使郤縠。"公从之。公使赵衰为卿，辞曰："栾枝⑤贞慎，先轸⑥有谋，胥臣⑦多闻，皆可以为辅佐，臣弗若也。"乃使栾枝将下军，先轸佐之。取五鹿，先轸之谋也。

郤縠卒，使先轸代之。胥臣佐下军。公使原季⑧为卿，辞曰："夫三德者，偃之出也。以德纪民，其章大矣，不可废也。"使狐偃为卿，辞曰："毛⑨之智，贤于臣，其齿⑩又长。毛也不在位，不敢闻命。"乃使狐毛将上军，狐偃佐之。狐毛卒，使赵衰代之，辞曰："城濮之役，先且居⑪之佐军也善，军伐⑫有赏，善君⑬有赏，能其官⑭有赏。且居有三赏，不可废也。且臣之伦⑮，箕郑、胥婴、先都在⑯。"乃使先且居将上军。公曰："赵衰三让⑰。其所让，皆社稷之卫也。废让，是废德也。"以赵衰之故，蒐于清原，作五军。使赵衰将新上军，箕郑佐之；胥婴将新下军，先都佐之。子犯卒，蒲城伯请佐，公曰："夫赵衰三让不失义。让，推贤也。义，广德也。德广贤至，又何患矣。请令衰也从子。"乃使赵衰佐新上军。

【注　释】

①元帅：即全军的统帅。

②郤縠：晋国大夫。

③惇：敦厚。

④法志：可供遵循的典籍，指《礼》《乐》《诗》《书》等。

⑤栾枝：晋国大夫。

⑥先轸：晋国大夫。

⑦胥臣：晋国大夫，又名曰季，司空季子。

⑧原季：赵衰，晋文公二年时为原大夫。

⑨毛：即狐毛，狐偃的哥哥，晋国大夫。

⑩齿：指人的年龄。

⑪先且居：即蒲城伯，先轸的儿子。

⑫军伐：军功。伐，功劳。

⑬善君：以道义辅佐君主。

⑭能其官：能够完成本职工作。

⑮伦：同类，同辈。

⑯胥婴、先都：均为晋国大夫。

⑰赵衰三让：指赵衰三次推让不当卿。

邹忌讽齐王纳谏

(先秦)《齐策》

【题　解】

战国时期，齐国谋士邹忌以身边的小事为例，劝谏齐王要广开言路，虚心接受批评建议，进而改良政治。齐王最终接受了他的建议，果然得到了一定成效。全文仅三百余字，但情节完整，将人物的内心世界刻画得极为丰富。用设喻的方法讲述治国的道理，含蓄委婉，表现了语言的艺术。

【原　文】

邹忌修八尺有余①，身体昳丽②。朝服衣冠窥镜，谓其妻曰："我孰与城北徐公美？"其妻曰："君美甚，徐公何能及君也！"城北徐公，齐国之美丽者也。忌不自信，而复问其妾曰："吾孰与徐公美？"妾曰："徐公何能及君也！"旦日，客从外来，与坐谈，问之客曰："吾与徐公孰美？"客曰："徐公不若君之美也！"

明日，徐公来，孰视之③，自以为不如；窥镜而自视，又弗如远甚。暮寝而思之曰："吾妻之美我者，私我也；妾之美我者，畏我也；客之美我者，欲有求于我也。"

于是入朝见威王，曰："臣诚知不如徐公美，臣之妻私臣，臣之妾畏臣，臣之客欲有求于臣，皆以美于徐公。今齐地方千里，百二十城，宫妇左右，莫不私王；朝廷之臣，莫不畏王；四境之内，莫不有求于王。由此观之，王之蔽甚矣！"王曰："善。"乃下令："群臣吏民，能面刺寡人之过者，受上赏；上书谏寡人者，受中赏；能谤议于市朝④，闻寡人之耳者，受下赏。"

令初下，群臣进谏，门庭若市。数月之后，时时而间进⑤。期年⑥之后，虽欲言，无可进者。燕、赵、韩、魏闻之，皆朝于齐。此所谓战胜于朝廷⑦。

【注　释】

①邹忌：战国时齐人。修：长，这里指身高。八尺：当时一尺约合今七寸。

②昳丽：光艳美丽的样子。

③孰：同"熟"，熟视，仔细。

④谤议：议论、指责别人的过失。市朝：街市和朝廷，代指公共场所。

⑤间进：时不时地有人进谏。

⑥期年：满一年。

⑦战胜于朝廷：在朝廷上战胜别国，此处指只要政治修明，不需要用兵即可让别国臣服。

齐宣王见颜斶

（先秦）《齐策》

【题 解】

在封建社会，"王者贵"的观念深入人心，但颜斶却提出"士贵而王者不贵"的响亮观点。全篇以对话形式展开情节，颜斶以史实力证，引经据典，论证了"得士则兴，失士则亡"的道理，也表现了颜斶不卑不亢的人格魅力和强烈的人格尊严。

【原 文】

齐宣王见颜斶曰①："斶前！"斶亦曰："王前！"宣王不悦。左右曰："王，人君也。斶，人臣也。王曰'斶前'亦曰'王前'，可乎？"斶对曰："夫斶前为慕势，王前为趋士。与使斶为趋势，不如使王为趋士。"王忿然作色曰："王者贵乎？士贵乎？"对曰："士贵耳，王者不贵。"王曰："有说乎？"斶曰："有。昔者秦攻齐，令曰：'有敢去柳下季垄五十步而樵采者②，死不赦。'令曰：'有能得齐王头者，封万户侯，赐金千镒。'由是观之，生王之头，曾不若死士之垄也。"宣王默然不悦。

左右皆曰："斶来，斶来！大王据千乘之地，而建千石钟，万石虡锯③。天下仁义之士，皆来役处；辩知并进，莫不来语；东西南北，莫敢不服。求万物无不备具，而百姓无不亲附。今夫士之高者，乃称匹夫，徒步而处农亩，下则鄙野，监门闾里④。士之贱也。亦甚矣。"

斶对曰："不然。斶闻古人禹之时，诸侯万国。何者，德厚之道，得贵士之力也。故舜起农亩，出于鄙野，而为天子。及汤之时，诸侯三千。当今之世，南面称寡者，乃二十四。由此观之，非得失之策与？稍稍诛灭，灭亡无族之时，欲为监门闾里，安可得而有乎哉？是故《易传》不云乎⑤：'居上位，未得其实，以喜其为名者，必以骄奢为行。倨慢骄奢，则凶必从之。'是故无其实而喜其名者削，无德而望其福者约⑥，无功而受其禄者辱，祸必握。故曰：'矜功不立，虚愿不至。'此皆幸乐其名，华而无其实德者也。是以尧有九佐⑦，舜有七友⑧，禹有五丞⑨，汤有三辅⑩，自古及今而能虚成名于天下者，无有。是以君王无羞亟问⑪，不媿下学；是故成其道德而扬功名于后世者，尧、舜、禹、汤、周文王是也。故曰：'无形者，形之君也。无端者，事之本也。'夫上见其原，下通其流，至圣明学，何不吉之有哉！老子曰：'虽贵，必以贱为本；虽高，必以下为基。'是以侯王称孤、寡、不谷，是其贱之本与，非也？夫孤寡者，人之困贱下位也，而侯王以自谓，岂非下人而尊贵士与？夫尧传舜，舜传禹，周成王任周公旦⑫，而世世称曰明主，是以明乎士之贵也。"

宣王曰："嗟乎！君子焉可侮哉，寡人自取病耳！及今闻君子之言，乃今闻细人之行，愿请受为弟子。且颜先生与寡人游，食必太牢⑬，出必乘车，妻子衣服丽都。"

颜斶辞曰："夫玉生于山，制则破焉，非弗宝贵矣，然太璞不完⑭。士生乎鄙野，推选则禄焉，非不得尊遂也，然而形神不全⑮。斶愿得归，晚食以当肉，安步以当车，无罪以当贵，清静贞正以自虞。制言者王也，尽忠直言者斶也。言要道已备矣，愿得赐归，安行而反臣之邑屋。"则再拜而辞去也。

斶知足矣，归真反朴，则终身不辱也。

【注　释】

①齐宣王：齐威王之子。颜斶：齐国的隐士。

②柳下季：即柳下惠，春秋时鲁国贤士，原名展禽，"柳下"是他的封邑，死后谥"惠"。垄：坟墓。

③石：古代重量单位。虡：同"簴"，是悬挂钟、磬的架子。

④闾里：民众聚居之地。

⑤《易传》：解说《周易》的论文集。

⑥约：窘迫，困窘。

⑦九佐：尧之九官，传说是舜、契、禹、后稷、夔、倕、伯夷、皋陶和益。

⑧七友：舜之七友，传说是雄陶、方回、续牙、伯阳、东不訾、秦不虚和灵甫。

⑨五丞：禹之五丞，传说是益、稷、皋陶、垂和契。

⑩三辅：商汤的三辅，传说是谊伯、仲伯和咎单。

⑪亟：屡次。

⑫周成王：周武王之子。周公旦：周文王之子，周成王之叔。

⑬太牢：原指牛、羊、猪三种家畜的肉。古代祭祀祖先时用太牢（一牛、一羊、一猪）或少牢（一羊一猪）做供品。

⑭璞：里面蕴藏玉的石头。

⑮形神不全：指表里不一。

触龙说赵太后

（先秦）《赵策》

【题　解】

这是一篇脍炙人口的名作。通过触龙巧妙地说服赵太后送幼子到齐国做人质以换取救兵，解除国家危难的故事，阐明了一个引人深思的问题：做父母的应当如何真正爱护自己的子女？这在今天仍有现实意义。触龙因势利导，入情入理，让人们领略到了语言的艺术，值得借鉴和学习。

【原　文】

赵太后新用事①，秦急攻之。赵氏求救于齐。齐曰："必以长安君为质②，兵乃出。"太后不肯，大臣强谏。太后明谓左右："有复言令长安君为质者，老妇必唾其面。"

左师触龙言愿见太后，太后盛气而揖之。入而徐趋，至而自谢，曰："老臣病足，曾不能疾走，不得见久矣。窃自恕，而恐太后之玉体之有所郄也，故愿望见太后。"太后曰："老妇恃辇而行。"曰："日食饮得无衰乎？"曰："恃粥耳。"曰："老臣今者殊不欲食，乃自强步，日三四里，少益嗜食，和于身也。"太后曰：

"老妇不能。"太后之色少解。

左师公曰："老臣贱息舒祺，最少，不肖，而臣衰，窃爱怜之。愿令得补黑衣之数，以卫王宫，没死以闻。"太后曰："敬诺，年几何矣？"对曰："十五岁矣。虽少，愿及未填沟壑而托之。"太后曰："丈夫亦爱怜其少子乎？"对曰："甚于妇人。"太后笑曰："妇人异甚。"对曰："老臣窃以为媪之爱燕后贤于长安君。"曰："君过矣，不若长安君之甚。"左师公曰："父母之爱子，则为之计深远。媪之送燕后也，持其踵③为之泣，念悲其远也，亦哀之矣。已行，非弗思也，祭祀必祝之，祝曰：'必勿使反'④。岂非计久长，有子孙相继为王也哉？"太后曰："然。"左师公曰："今三世以前，至于赵之为赵，赵主之子孙侯者，其继有在者乎？"曰："无有。"曰："微独赵，诸侯有在者乎？"曰："老妇不闻也。""此其近者祸及身，远者及其子孙。岂人主之子孙则必不善哉？位尊而无功，奉厚而无劳，而挟重器⑤多也。今媪尊长安君之位，而封之以膏腴⑥之地，多予之重器，而不及今令有功于国。一旦山陵崩⑦，长安君何以自托于赵？老臣以媪为长安君计短也，故以为其爱不若燕后。"太后曰："诺。恣君之所使之。"于是为长安君约车百乘，质于齐，齐兵乃出。

子义闻之曰："人主之子也，骨肉之亲也，犹不能恃无功之尊，无劳之俸，而守金玉之重也，而况人臣乎？"

【注　释】

①赵太后：即赵威后，赵惠文王之妻，赵孝成王母。新用事：刚刚掌管国事。

②长安君：赵太后的幼子。封号为长安君。

③踵：脚后跟。

④反：同"返"。古代诸侯的女儿嫁到别国后，除非被废或亡国，否则不能返回娘家。故而赵太后祝祷自己女儿不要回来。

⑤挟：占有。重器：贵重的宝物，指金玉钟鼎等。

⑥膏腴：形容土地肥沃。

⑦山陵崩：讳语，指君主的死亡。

尊贤使能章

（先秦）《孟子·公孙丑上》

【题　解】

《孟子》作为儒家的经典之作，为"四书"之一。记录了战国时期思想家孟子的政治策略和治国思想。

文中孟子提出了五条具体措施，阐明了实行"爱民"政策的作用。说明只有统治者让士、农、商、旅、居民先享受到"爱"的实惠，人民体会到统治者的爱民之心，才能实现国强民富。

【原　文】

孟子曰："尊贤使能，俊杰在位，则天下之士皆悦，而愿立于其朝矣；市，廛而不征①，法而不廛②，则天下之商皆悦，而愿藏于其市矣；关，讥而不征③，则天下之旅皆悦，而愿出于其路矣；耕者，助而不税，则天下之农皆悦，而愿耕于其野矣；廛，无夫里之布，则天下之民皆悦，而愿为之氓矣④。信能行此五者，则邻国之民仰之若父母矣。率其子弟，攻其父母，自有生民以来未有能济者也。如此，则无敌于天下。无敌于天下者，天吏也。然而不王者，未之有也。"

【注　释】

①廛而不征：货物储藏于市中而不征租税。廛：原指古代城市居民一户人居住之地，此处指交易市场的房屋。

②法而不廛：指官方为保证商人利益依法收购长期积压于货栈的货物。

③讥而不征：稽查但不征税。讥，查问。

④氓：指从别处移居来的外来人口。

君之视臣如手足章

(先秦)《孟子·离娄下》

【题 解】

君臣之间的行为方式是多种多样的，而行为方式的选择对统治的成败有一定的影响。孟子强调，君主的三种不同的行为方式，会收到不同的效果。故而劝说齐宣王采取最好的一种。

【原 文】

孟子告齐宣王曰："君之视臣如手足，则臣视君如腹心；君之视臣如犬马，则臣视君如国人；君之视臣如土芥，则臣视君如寇雠①。"

王曰："礼，为旧君有服②，何如斯可为服矣？"

曰："谏行言听，膏泽下于民；有故而去，则君使人导之出疆，又先于其所往③；去三年不反，然后收其田里。此之谓三有礼焉。如此，则为之服矣。今也为臣，谏则不行，言则不听；膏泽不下于民；有故而去，则君搏执之，又极之于其所往；去之日，遂收其田里。此之谓寇雠。寇雠，何服之有？"

【注　释】

①雠：同"仇"，仇恨、怨恨。

②服：服丧。

③先：派人先去布置。

君子有三乐章

(先秦)《孟子·尽心上》

【题　解】

　　孟子认为，人的一生，选择怎样的行为方式远比心中所想的重要。行为方式对了，才能收到成效，否则只会适得其反。人就应当有这三种追求，追求也决定着收获，只有适合自己的才是最好的。

【原　文】

　　孟子曰："君子有三乐，而王天下不与存焉。父母俱存，兄弟无故①，一乐也；仰不愧于天，俯不怍②于人，二乐也；得天下英才而教育之，三乐也。君子有三乐，而王天下不与存焉。"

【注　释】

　　①故：灾难祸患。
　　②怍：惭愧。

民为贵章

(先秦)《孟子·尽心下》

【题 解】

孟子主张君主应以爱护人民为先，保障人民权益。国君和社稷都可以改立更换，唯独老百姓是不可更换的，所以，百姓最重要，体现了"民本"思想。

【原 文】

孟子曰："民为贵，社稷①次之，君为轻。是故得乎丘民②而为天子，得乎天子为诸侯，得乎诸侯为大夫。诸侯危社稷，则变置。牺牲既成，粢③盛既絜，祭祀以时，然而旱乾水溢，则变置社稷。"

【注 释】

①社稷：指国家。

②丘民：聚居在一起的民众。

③粢：古代祭祀用的谷物。

贵直论

（先秦）《吕氏春秋》

【题　解】

本文开篇便提出"贤主所贵莫如士。所以贵士，为其直言也"的观点，再援引历史中的典型事例加以说明。齐湣王因不听狐援直言，最终导致失败；赵简子因听取烛过的直谏，最终在战场上反转败局，这两个一反一正的例子，也说明了直言的重要作用。

【原　文】

贤主所贵莫如士。所以贵士，为其直言也。言直则枉者见矣①。人主之患，欲闻枉而恶直言。是障其源而欲其水也，水奚自至？是贱其所欲而贵其所恶也，所欲奚自来？

能意见齐宣王②。宣王曰："寡人闻子好直，有之乎？"对曰："意恶能直？意闻好直之士，家不处乱国，身不见污君。身今得见王，而家宅乎齐，意恶能直？"宣王怒曰："野士也！"将罪之。能意曰："臣少而好事③，长而待之④，王胡不能与野士乎，将以彰其所好耶？"王乃舍之。能善者，使谨乎论于主之侧，亦必不阿主。不阿⑤，主之所得岂少哉？此贤主之所求，而不肖主之所恶也。

狐援说齐潛王曰⑥："殷之鼎陈于周之廷，其社盖于周之屏，其干戚之音在人之游⑦。亡国之音不得至于庙，亡国之社不得见于天，亡国之器陈于廷，所以为戒。王必勉之！其无使齐之大吕陈之廷⑧，无使太公之社盖之屏，无使齐音充人之游。"齐王不受。狐援出而哭国三日，其辞曰："先出也，衣绣绔⑨；后出也，满图圄。吾今见民之洋洋然东走而不知所处。"齐王问吏曰："哭国之法若何？"吏曰："斩⑩。"王曰："行法！"吏陈斧质于东闾，不欲杀之，而欲去之，狐援闻而蹶往过之。吏曰："哭国之法斩，先生之老欤？昏欤？"狐援曰："曷为昏哉？"于是乃言曰："有人自南方来，鲋入而鲵居⑪，使人之朝为草而国为墟。殷有比干，吴有子胥，齐有狐援。已不用若言，又斩之东闾，每斩者以吾参夫二子者乎！"狐援非乐斩也，国已乱矣，上已悖矣，哀社稷与民人，故出若言。出若言非平论也，将以救败也，固嫌于危。此触子之所以去之也，达子之所以死之也。

赵简子攻卫，附郭。自将兵，及战，且远立，又居于犀蔽屏橹之下。鼓之而士不起。简子投桴而叹曰："呜呼！士之速弊一若此乎！"行人烛过免胄横戈而进曰："亦有君不能耳，士何弊之有？"简子艴然作色曰⑫："寡人之无使，而身自将是众也，子亲谓寡人之无能，有说则可，无说则死！"对曰："昔吾先君献公即位五年，兼国十九，用此士也。惠公即位二年，淫色暴慢，身好玉女，秦人袭我，逊去绛七十，用此士也。文公即位二年，底之以勇，故三年而士尽果敢；城濮之战，五败荆人，围卫，取曹，拔石社，定天子之位，成尊名于天下，用此士也。亦有君不能耳，士何敝之有？"简子乃去犀蔽屏橹，而立于矢石之所及，一鼓而士毕乘之。简子曰："与吾得革车千乘也，不如闻行人烛过之一言。"行人烛过可谓能谏其君矣。战斗之上，枹鼓方用，赏不加厚，罚不加重，一言而士皆乐为其上死。

【注　释】

①枉者：指邪曲之言。见（xiàn）：显现。

②能意：齐国人，善直言。

③好事：好直言。

④待：通"持"，保持。

⑤阿：曲从，附会。

⑥狐援：齐国直言之士。齐湣王：齐宣王之子。

⑦干戚之音：指殷朝的宫廷音乐。

⑧大吕：齐国钟名。

⑨衣绤纻：绤是用葛草织成的细布。纻是用苎麻织的粗布。

⑩斮（zhuó）：斩杀。

⑪鲋：小鱼。鲵：大鱼。

⑫艴（fú）然作色：因生气而脸色大变。

贵 公

（先秦）《吕氏春秋》

【题　解】

本文旨在劝谏君王要以"公"治天下，提出了"公则天下平矣"的观点。规劝君王要任人唯贤，公平公正，以人民的利益为根本，不谋私利。

【原　文】

昔先圣王之治天下也，必先公。公则天下平矣。平得于公。尝试观于上志①，有得天下者众矣，其得之以公，其失之必以偏。凡主之立也，生于公。故《鸿范》曰②："无偏无党，王道荡荡。无偏无颇，遵王之义。无或作好，遵王之道。无或作恶，遵王之路。"

天下非一人之天下也，天下之天下也。阴阳之和，不长一类；甘露时雨，不私一物；万民之主，不阿一人。

伯禽③将行，请所以治鲁。周公曰："利而勿利也。"

荆人有遗弓者，而不肯索，曰："荆人遗之，荆人得之，又何索焉？"孔子闻之曰："去其'荆'而可矣。"老聃闻之曰："去其'人'而可矣。"故老聃则至公矣。

天地大也，生而弗子，成而弗有，万物皆被其泽，得其利，而莫知其所由始。此三皇五帝之德也。

管仲有病，桓公往问之，曰："仲父之病矣，渍甚，国人弗讳，寡人将谁属国？"管仲对曰："昔者臣尽力竭智，犹未足以知之也。今病在于朝夕之中，臣奚能言？"桓公曰："此大事也，愿仲父之教寡人也。"管仲敬诺，曰："公谁欲相？"公曰："鲍叔牙可乎？"管仲对曰："不可。夷吾善鲍叔牙。鲍叔牙之为人也，清廉洁直；视不己若者，不比于人；一闻人之过，终身不忘。""勿已，则隰朋其可乎？""隰朋之为人也，上志而下求，丑不若黄帝，而哀不己若者。其于国也，有不闻也；其于物也，有不知也；其于人也，有不见也。勿已乎，则隰朋可也。"

夫相，大官也。处大官者，不欲小察，不欲小智，故曰：大匠不斫，大庖不豆④，大勇不斗，大兵不寇。

桓公行公去私恶，用管子而为五伯长；行私阿所爱，用竖刀而虫出于户。

人之少也愚，其长也智。故智而用私，不若愚而用公。日醉而饰服，私利而立公，贪戾而求王，舜弗能为。

【注　释】

①上志：古代典籍。

②《鸿范》：又作"洪范"，出自《尚书·周书》。

③伯禽：周公旦长子，为鲁国的始祖。

④大庖：厨艺高超的厨师。豆：祭祀用的笾豆。这里用来指装笾豆的一类食器。

汉代

《新语·辅政第二》

(西汉) 陆 贾

【题 解】

陆贾 (约前240～前170年)，西汉政论家。

《新语》总共十二个章节，是陆贾写给刘邦看的，陆贾主张"行仁义，法先圣"，以儒家仁义思想治国。《辅政》是第二篇，主要讲了任用贤者和圣人治国的重要性。通过援引历史，说明了施行仁义对于国运长久的作用。

【原 文】

夫居高者，自处不可以不安。履危者，任杖不可以不固。自处不安则坠，任杖不固则仆。是以圣人居高处上，则以仁义为巢，乘危履倾，则以贤圣为杖。故高而不坠，危而不仆。尧以仁义为巢，舜以禹稷契为杖，故高而益安，动而益固。然处高之安，乘克让之敬，德配天地，光被四表，功垂于无穷，名传于不朽。盖自处得其巢，任杖得其材也。秦以刑罚为巢，故有覆巢破卵之患，以赵高李斯为杖①，故有倾仆跌伤之祸。何哉？所任非也。故杖圣者帝，杖贤者王，杖仁者霸，杖义者强，杖谗者灭，杖贼者亡。故怀刚者久而缺，持柔者久而长，躁疾者为厥速，迟重者为常存，尚勇者为悔近，温厚者行宽舒，怀促急者必有所亏。柔懦者制刚强，小慧者不可以御大，小辩者不可以说众。商贾巧为贩卖之利，而屈为贞良。邪臣好为诈伪，自媚饰非，而不能为公方，藏其端巧，逃其事功。故智者之所短不如愚者之所长，文公种米②，曾子驾羊③。相士不熟，信邪失方。察察者有所不见，恢恢者何所不容？朴直质者近忠，便巧者近亡。君子远荧荧之色，放铮铮之声，绝恬美之味，疏嗌呕之情。天道以大制小，以重颠轻，以小治大，乱度千贞。谗夫似贤，美言似信；听之者惑，观之者冥。故苏秦尊于诸侯，商鞅显于西秦；世无贤智之君，孰能别其形？故尧放驩兜，仲尼诛少正卯，甘言之所嘉，靡不为之倾；惟尧知其实，仲尼见其情。故干圣王者诛，遏贤君者刑；遭凡王者贵，触乱世者荣。郑儋亡齐而归鲁，齐有九合之名而鲁有乾时之耻。夫据千乘之国而信谗佞之计，未有不亡者也。故诗云"谗人罔极，交乱四国"，众邪合党以回人君，邦危民亡，不亦宜乎？

【注　释】

①赵高：秦二世时丞相，曾"指鹿为马"。李斯：字通古，主张"焚书"。

②文公：即晋文公重耳，为春秋五霸之一。

③曾子：曾参，孔子的弟子。

昌言·阙题

（东汉）仲长统

【题　解】

仲长统（179~220 年），字公理。东汉末年哲学家、政论家。

任曹操尚书令的著名谋臣荀彧，闻仲长统之名，举荐其为尚书郎。本篇提出了"人事为本，天道为末"的观点，强调"唯人事之尽耳，无天道之学焉"，强烈反对将自然现象与人间吉凶牵强附会，建议修治者应当修明政治，方可使国运长久。

【原　文】

昔高祖诛秦项而陟天子之位①，光武讨篡臣而复已亡之汉，皆受命之圣主也；萧、曹、丙、魏、平、勃、霍光之等，夷诸吕，尊大宗，废昌邑而立孝宣，经纬②国家，镇安社稷，一代之臣也。二主数子之所以震威四海，布德生民，建功立业，流名百世者，唯人事之尽耳，无天道之学焉。然则王天下作大臣者，不待于知天道矣。所贵乎用天之道者，则指星辰以授民事，顺四时而兴功业，其大略也，吉凶之祥，又何取焉！故知天道而无人事者，是巫医卜祝之伍，下愚不齿之民也；信天道而背人事者，是昏乱迷惑之主，覆国亡家之臣也。

问者曰："治天下者壹之于人事，抑亦有取诸天道也？"曰："所取于天道者谓四时之宜也，所壹于人事者谓治乱之事也。""《周礼》之冯相保章，其无所用耶？"曰："大备于天人之道耳，是非治天下之本也，是非理生民之要也。"

曰："然则本与要奚所存耶？"曰："王者官人无私，唯贤是亲，勤恤政事，屡省功臣，赏锡期于功劳，刑罚归乎罪恶，政平民安，各得其所，则天地将自从我而正矣，休祥将自应我而集矣，恶物将自舍我而亡矣，求其不然，乃不可得也。王者所官者，非亲属则宠幸也，所爱者，非美色则巧佞也，以同异为善恶，以喜怒为赏罚，取乎丽女，怠乎万几，黎民冤枉类残贼，虽五方之兆不失四时之礼，断狱之政不违冬日之期，蓍③龟积于庙门之中，牺牲群于丽碑之间，冯相坐台上而不下，祝史伏坛旁而不去，犹无益于败亡也。"

从此言之，人事为本，天道为末，不其然与？故审我己善而不复恃乎天道，上也；疑我未善，引天道以自济者，其次也；不求诸己而求诸天者，下愚之主也。令夫王者诚忠心于自省，专思虑于治道，自省无愆，治道不谬，则彼嘉物之生，休祥之来，是我汲井而水出，爨灶而火燃者耳，何足以为贺者耶！故欢于报应，喜于珍祥，是劣者之私情，未可谓大上之公德也。

【注 释】

①陟：登。

②经纬：谋划大事，指人很有才能。

③蓍：即蓍草，多年生草本植物。我国古代用它的茎占卜。

隋代

请劝学行礼表

（隋）柳　昂

【题　解】

柳昂，字千里，河东解县（今山西运城西南）人。他历职清显，官声卓著，朝廷很看重他，百姓也敬重他。

这篇呈给隋文帝的奏章，写于柳昂任潞判时，当时隋朝已趋安定，作者认为这是强化风俗教化，推行劝学行礼的好时机。本文的主题是教育，推行之后对隋朝的统治起到了积极的作用。

【原　文】

臣闻帝王受命，建学制礼，故能移既往之风，成惟新之俗。自魏道将谢①，分割九区，关右、山东，久为战国，各逞权诈，俱殉干戈，赋役繁重，刑政严急。盖救焚拯溺②，无暇从容，非朝野之愿，以至于此。晚世因循，遂成希慕，俗化浇敝，流宕忘反。自非天然上哲，挺生于时，则儒雅之道，经礼之制，衣冠民庶，莫肯用心。世事所以未清，轨物由兹而坏③。

伏惟陛下禀灵上帝，受命昊天，合三阳之期，膺千祀之运④。往者周室颓毁，区宇沸腾，圣策风行，神谋电发，端坐廊庙⑤，荡涤万方，俯顺幽明，君临四海。择万古之典，无善不为；改百王之弊，无恶不尽。至若因情缘义，为其节文，故以三百三千，事高前代。然下土黎献，尚未尽行。臣谬蒙奖策，从政藩部，人庶轨仪，实见多阙，儒风以坠，礼教犹微，是知百姓之心，未能顿变。仰惟深思远虑，情念下民，渐被以俭，使至于道⑥。臣恐业淹事缓，动延年世。若行礼劝学，道教相催，必当靡然向风，不远而就。家知礼节，人识义方，比屋可封，辄谓非远⑦。

【注　释】

①魏道将谢：指北魏国势渐衰。

②救焚拯溺：救百姓于水深火热中。

③轨物：礼仪制度。

④伏惟：敬词。三阳之期：指春季。

⑤廊庙：朝廷。

⑥渐被以俭：将施行节俭的范围扩大。

⑦义方：做事时应遵守的规矩。比屋可封：每家每户都具有受禄封爵的资格。

请革文华疏

（隋）李 谔

【题 解】

李谔（生卒年不详），字士恢，赵郡（治今河北赵县）人。好学善文，在北齐，任中书舍人，在北周，任天官都上士。及至隋朝，历任比部侍郎，考功侍郎，治书侍御史，通州刺史等职，逝于任上。

本文作者倡导史家的"实录"精神，反对雕章琢句、华而不实的文章，充分肯定了魏晋以前、"古先哲王"时代的文章诗赋。针对这些问题，他建议隋文帝采取有效的措施，以复兴先秦文章的传统。

【原 文】

臣闻古先哲王之化民也，必变其视听，防其嗜欲，塞其邪放之心，示以淳和之路。五教六行为训民之本①，《诗》、《书》、《礼》、《易》为道义之门。故能家复孝慈，人和礼让，正俗调风，莫大于此。其有上书献赋，制诔镌铭，皆以褒德序贤②，明勋证理。苟非惩劝，义不徒然。降及后代，风教渐落。魏之三祖③，更尚文词，忽君人之大道，好雕虫之小艺。下之从上，有同影响，竞骋文华，遂成风俗。江左齐、梁④，其弊弥甚，贵贱贤愚，唯务吟咏。遂复遗理存异，寻虚逐微，竞一韵之奇，争一字之巧。连篇累牍，不出月露之形；积案盈箱，唯是风云之状。世俗以此相高，朝廷据兹擢士。禄利之路既开，爱尚之情愈笃。于是闾里童昏，贵游总丱，未窥六甲，先制五言⑤。至如羲皇、舜、禹之典，伊、傅、周、孔之说，不复关心，何尝入耳。以傲诞为清虚，以缘情为勋绩，指儒素为古拙，用词赋为君子。故文笔日繁，其政日乱，良由弃大圣之轨模，构无用以为用也。损本逐末，流遍华壤，递相师祖，久而愈扇。

及大隋受命，圣道聿兴。屏黜轻浮，遏止华伪。自非怀经抱质，志道依仁，不得引预搢绅，参厕缨冕⑥。开皇四年，普诏天下，公私文翰，并宜实录。其年九月，泗州刺史司马幼之文表华艳⑦，付所司治罪。自是公卿大臣咸知正路，莫不钻仰坟集⑧，弃绝华绮，择先王之令典，行大道于兹世。如闻外州远县，仍踵敝风，选吏举人，未遵典则。至有宗党称孝，乡曲归仁，学必典谟，交不苟合，则摈落私门，不加收齿；其学不稽古，逐俗随时，作轻薄之篇章，结朋党而求誉，则选充吏职，举送天朝。盖由县令、刺史未行风教，犹挟私情，不存公道。臣既忝宪司⑨，职当纠察。若闻风即劾，恐挂网者多，请勒诸司，普加搜访，有如此者，具状送台。

【注　释】

①五教：指五种道德规范：父义、母慈、兄友、弟恭、子孝。六行：孝、友、睦、姻、任、恤。

②诔（lěi）：古代用以表彰死者生前的品行并哀悼的文章体裁，只用

于上对下。

③魏之三祖：指三国时期魏太祖曹操，魏世祖曹丕、魏烈祖曹植。

④江左齐、梁：南北朝建都于建康（今南京）的齐国、梁国。

⑤总潲（guàn）："总角"，代指童年时期。

⑥参厕缨冕：入仕当官。缨冕：官员服饰，此处代指官员。

⑦泗州：今江苏宿迁县东南。

⑧坟集：传说中我国最古老的书籍：三坟、五典、八索、九丘。

⑨宪司：御史台，专掌纠察弹劾。

谏文帝亲裁细务疏

（隋）柳 彧

【题 解】

柳彧，字幼文，河东解州（今山西运城西南）人。他刚正不阿，曾多次上谏奏事，多被采纳。

隋文帝即位后，勤于政事，事必躬亲，柳彧于是上书劝他应当以大事为重，不必事事都亲自过问，这样既益身体，又益于国家。文帝听后，称赞了他。

【原 文】

臣闻，自古圣帝，莫过唐、虞，象地则天，布政施化，不为丛脞，是谓钦明①。语曰："天何言哉？四时行焉。"故知人君出令，诚在烦数②。是以舜任五臣，尧咨四岳，设官分职，各有司存，垂拱无为，天下以治，所谓劳于求贤，逸于任使③。又云："天子穆穆，诸侯皇皇④。"此言君臣上下，体裁有别。比见四海一家，万机务广，事无大小，咸关圣听⑤。陛下留心治道，无惮疲劳；亦由群官惧罪，不能自决，取判天旨⑥。闻奏过多，乃至营造细小之事，出给轻微之物，一日之内，酬答百司；至乃日旰忘食，夜分未寝，动以文簿，忧劳圣躬⑦。伏愿思臣至言，少减烦务⑧，以怡神为意，以养性为怀，思武王安乐之义，念文王勤忧之理。若其经国大事，非臣下裁断者，伏愿详决。自馀细务，责成所司，则圣体尽无疆之寿，臣下蒙覆育之赐也⑨。

【注　释】

①象：模仿。丛脞（cuǒ）：支离破碎。钦：敬佩。

②烦数：烦琐而细密。

③五臣：古代虞舜辖下的五位名臣：禹、稷、契、皋陶、伯益。四岳：唐尧的四个臣子。司：掌管。"垂拱无为"，指不必操心费神的无所作为，意即无为而治的功效。

④穆穆：庄严肃穆的样子，皇皇：形容盛大的样子。

⑤比：时间副词，近来。圣：即国君。

⑥天旨：天子的旨意。

⑦日旰（gàn）：天色已晚。圣躬：国君的身体。

⑧少减：减少。

⑨若：假如，如果。覆育：抚育。

上炀帝书陈成败

（隋）王　义

【题　解】

王义，道州（治所为今湖南道县）人。侍奉隋炀帝的宦官。

这篇奏书直陈事实，公然指斥炀帝的暴政，暴露了统治者的残暴罪行。王义上书后，因炀帝不听谏劝而自刭，可谓是以死直谏的一个典型代表。

【原　文】

臣本南楚卑薄之地，逢圣明为治之时，不爱此身，愿从人贡①。臣本侏儒，性尤蒙滞，出入左右，积存岁华，浓被圣私，皆逾素望，侍从乘舆，周旋台阁②。臣虽至鄙，酷好穷经，颇知善恶之本源，少识兴亡之所以，还往民间，周知利害，深蒙顾问，方敢敷陈。自陛下嗣守元符，体临大器，圣神独断，谏谋莫从，独发睿谋，不容人献。大兴西苑，两至辽东③。龙舟逾于万艘，宫阙遍于天下。兵甲常役百万，士民穷乎山谷。征辽东者百不存十，殁葬者十未有一。帑藏全虚，谷粟涌贵，乘舆竟往，行幸无时，兵人侍从，常逾万人，遂令四方失望，天下为墟④。方今有家之材，存者可数，子弟死于兵役，老弱困于蓬蒿⑤。兵尸如岳，饿莩盈郊，狗彘厌人之肉，鸢鱼食人之馀⑥。臭闻千里，骨积高原，膏血草野，狐犬尽肥。阴风无人之墟，鬼哭寒草之下，目断平野，千里无烟。万民剥落，莫保朝昏，父遗幼子，妻号故夫，孤苦何多，饥荒尤甚，乱离方始，生死孰知？人主爱人，一何如此！陛下恒性毅然，孰敢上谏？或有鲠言，又令赐死，臣下相顾，钳结自全⑦。龙逢复生，安敢议奏⑧？左右近臣，阿谀顺旨，近合帝意，造作拒谏，皆出此途，乃逢富贵，陛下恶过，从何得闻？方今又败辽师，再幸东土，社稷危于春雪，干戈遍于四方，生民已入涂炭，官吏犹未敢言。陛下自惟，若何为计？陛下欲幸永嘉，坐延岁月，神武威严，一何销铄！陛下欲兴师，则兵吏不顺；欲行幸，则侍卫莫从，敌当此时，如何自处？陛下虽欲发愤修德，特加爱民，圣慈虽切救时，天下不可复得。大势已去，时不再来，巨厦之崩，一木不能支，洪河已决，掬壤不能救。臣本远人，不知忌讳，事忽至此，安敢不言？臣今不死，后必死兵，敢献此书，延颈待尽。

【注 释】

①人贡：古代人自阉，入宫为宦侍。

②侏儒：矮小的人。台阁：官府。

③嗣：继承。元符：指皇位。大器：指皇帝的权威。大兴西苑：隋炀帝兴建东都洛阳，在西郊修建大花园。两至辽东：隋炀帝两次渡过辽河攻打高丽。

④帑（tǎng）藏：国库。墟：荒废之地。

⑤蓬蒿：指田舍农家。

⑥饿莩：饿死之人的尸体。

⑦鲠言：有话直说。钳结：闭口不言。

⑧龙逄：关龙逄，夏代贤臣，因强谏而被桀处死。

唐代

谏太宗十思疏

（唐）魏　徵

【题　解】

　　魏徵（580～643年），字玄成，巨鹿（今河北邢台晋县）人。是唐代著名政治家，以直谏敢言而著称，是中国历史上有名的谏臣。历任谏议大夫、秘书监、侍中等职。

　　本篇是魏徵写给唐太宗的奏疏，强调"兼听则明，偏信则暗"，认为君主必须"居安思危，戒奢以俭"，方可使国家达到长治久安的局面。全文以生动形象的比喻开题，再进行推理，进而总结经验教训提出"居安思危"的具体做法，即"十思"。"十思"十句，构成排比，气势磅礴，引人深思。

【原　文】

　　臣闻求木之长者，必固其根本①；欲流之远者，必浚其泉源②；思国之安者，必积其德义。源不深而望流之远，根不固而求木之长，德不厚而思国之安：臣虽下愚，知其不可，而况于明哲乎！人君当神器之重③，居域中之大，不念居安思危，戒奢以俭，斯亦伐根以求木茂，塞源而欲流长也。

凡昔元首，承天景命，善始者实繁，克终者盖寡，岂取之易，守之难乎？盖在殷忧④，必竭诚以待下；既得志，则纵情以傲物。竭诚，则吴、越为一体；傲物，则骨肉为行路。虽董之以严刑⑤，震之以威怒，终苟免而不怀仁、貌恭而不心服，怨不在大，可畏惟人，载舟覆舟，所宜深慎。

诚能见可欲，则思知足以自戒；将有作，则思知止以安人，念高危，则思谦冲而自牧；惧满盈，则思江海下百川；乐盘游，则思三驱⑥以为度；忧懈怠，则思慎始而敬终；虑壅蔽，则思虚心以纳下；惧谗邪，则思正身以黜恶；恩所加，则思无因喜以谬赏；罚所及，则思无以怒而滥刑⑦。总此十思，宏兹九德。简⑧能而任之，择善而从之，则智者尽其谋，勇者竭其力，仁者播其惠，信者效其忠。文武并用，垂拱而治。何必劳神苦思，代百司⑨之职役哉？

【注　释】

①长：生长。固：使稳固。

②浚：疏通。

③神器：此指帝位、王权。

④殷忧：忧虑重重。

⑤董：监督。

⑥三驱：出自《易经》"王以三驱"，指狩猎时对猎物包围三面，留下一面让其逃生，以示好生之德。

⑦滥刑：滥用刑法惩罚人。

⑧简：选拔。

⑨百司：百官。

论君子小人疏

（唐）魏　徵

【题　解】

贞观十一年间，外出巡察的钦差使臣经常由近侍的宦官担任，而这些人中常有谎报下情的情况存在，唐太宗深感愤怒。魏徵为此专门上疏，疏中详细阐明了君子和小人的区别以及识别其的方法，提议君主应当任人唯贤，决不能以个人喜好判断是非，以免贻误国政。太宗看到后，大加赞赏，并赐绢三百四以示嘉奖。

【原　文】

臣闻为人君者，在乎善善而恶恶，近君子而远小人。善善明，则君子进矣；恶恶著，则小人退矣。近君子，则朝无秕政；远小人，则听不私邪。小人非无小善，君子非无小过。君子小过，盖白玉之微瑕；小人小善，乃铅刀之一割。铅刀一割，良工之所不重，小善不足以掩众恶也；白玉微瑕，善贾之所不弃①，小疵不足以妨大美也。善小人之小善，谓之善善，恶君子之小过，谓之恶恶，此则蒿兰同臭，玉石不分，屈原所以沉江，卞和所以泣血者也②。既识玉石之分，又辨蒿兰之臭，善善而不能进，恶恶而不能去，此郭氏所以为墟，史鱼所以遗恨也③。

陛下聪明神武，天资英睿，志存泛爱，引纳多涂④，好善而不甚择人，疾恶而未能远佞。又出言无隐，疾恶太深，闻人之善或未全信，闻人之恶以为必然。虽有独见之明，犹恐理或未尽。何则？君子扬人之善，小人讦人之恶⑤。闻恶必信，则小人之道长矣。闻善或疑，则君子之道消矣。为国家者急于进君子而退小人，乃使君子道消，小人道长，则君臣失序，上下否隔，乱亡不恤，将何以求治⑥？且世俗常人，心无远虑，情在告讦，好言朋党。夫以善相成谓之同德，以恶相济谓之朋党⑦，今则清浊共流，善恶无别，以告讦为诚直，以同德为朋党。以之为朋党，则谓事无可信；以之为诚直，则谓言皆可取。此君恩所以不结于下，臣忠所以不达于上。大臣不能辩正，小臣莫之敢论，远近承风，混然成俗，非国家之福，非为治之道。适足以长奸邪，乱视听，使人君不知所信，臣下不得相安。若不远虑，深绝其源，则后患未之息也。今之幸而未败者，由乎君有远虑，虽失之于始，必得之于终故也。若时逢少堕，往而不返，虽欲悔之，必无所及。既不可以传诸后嗣，复何以垂法将来？且夫进善黜恶，施于人者也；以古作鉴，施于己者也。鉴貌在乎止水，鉴己在乎哲人。能以古之哲王，鉴于己之行事，则貌之妍丑宛然在目，事之善恶自得于心，无劳司过之史，不假刍荛之议⑧，巍巍之功日著，赫赫之名弥远，为人君者可不务乎？

【注　释】

①善贾：擅长做买卖的商人。

②卞和：春秋时楚国人。据传他曾两次献给楚王玉璞，却被认为是假

的，遂先后被砍去双脚。直到楚文王即位，他抱璞在荆山下哭，终于感动文王，派人雕琢，果得宝玉，即"和氏璧"。

③郭氏：春秋时的郭国，由于其国君亲小人而远贤臣，终被齐国所灭。

④涂：途径，这里指通过多种途径举贤纳谏。

⑤讦（jié）：揭发他人的短处。

⑥乱亡不恤：对国家危亡毫不担忧。恤：担忧。

⑦相成：互相促进。相济：互相帮助。

⑧刍荛：平民百姓。

谏修洛阳乾元殿书

（唐）张玄素

【题　解】

张玄素（？～664 年），字子真，蒲州虞乡（今山西运城）人。他为官清廉，是唐太宗时著名谏臣。

贞观四年，唐太宗下令修复东都洛阳的乾元殿，为此张玄素上书劝谏，他提出应吸取秦隋灭亡的教训，与民休息，并列举了诸多事例，直陈利害关系。最终，唐太宗采纳了张玄素的建议，并赏赐他五百匹绢。

【原　文】

陛下智周万物，囊括四海。令之所行，何往不应？志之所欲，何事不从？微臣窃思秦始皇之为君也，藉周室之余，因六国之盛，将贻之万叶①。及其子而亡，谅由逞嗜奔欲，逆天害人者也。是知天下不可以力胜，神祇不可以亲恃。惟当弘俭约，薄赋敛，慎终始，可以永固。

方今承百王之末，属凋弊之余，必欲节之以礼制，陛下宜以身为先。东都未有幸期②，即令补葺；诸王今并出藩，又须营构。

兴发数多③，岂疲人之所望？其不可一也。陛下初平东都之始，层楼广殿，皆令撤毁，天下翕然④，同心倾仰。岂有初恶其侈靡，今乃袭其雕丽⑤？其不可二也。每承音旨，未即巡幸，此乃事不急之务，成虚费之劳，国无兼年之积，何用两都之好？劳役过度，怨讟将起⑥，其不可三也。百姓承乱离之后，财力凋尽，天恩含育⑦，粗见存立，饥寒犹切，生计未安，三五年间，未能复旧。奈何营未幸之都，而夺疲人之力？其不可四也。昔汉高祖将都洛阳，娄敬一言，即日西驾⑧。岂不知地惟土中，贡赋所均，但以形胜不如关内也⑨。伏惟陛下化凋弊之人，革浇漓之俗，为日尚浅，未甚淳和，斟酌事宜，讵可东幸⑩？其不可五也。

臣尝见隋室初造此殿，楹栋宏壮，大木非近道所有，多自豫章采来⑪。二千人拽一柱，其下施毂，皆以生铁为之，中间若用木轮，动则火出⑫。略计一柱，用数十万，则余费又过倍于此。臣闻阿房成，秦人散，章华就，楚众离，乾元毕工，隋人解体。且以陛下今时功力，何如隋日？承凋残之后，役疮痍之人，费亿万之功，袭百王之弊，以此言之，恐甚于炀帝远矣。深愿陛下思之，无为由余所笑，则天下幸甚。

【注　释】

①万叶：万世。

②幸期：帝王驾临的时间。

③兴发：征发。

④天下翕（xī）然：天下人一致拥戴君王的政举。翕：和谐统一。

⑤袭：承袭。雕丽：雕琢华丽。

⑥音旨：君王的口头与书面指示。怨讟（dú）：怨恨。

⑦天恩含育：君王的恩德对百姓的养育。

⑧娄敬：刘敬。向汉高祖建议定都关中，刘邦采纳并赐其刘姓且封侯。

⑨地惟土中：指洛阳地处中原之地的中心。形胜：地理位置优越，交通方便。

⑩讵可东幸：怎能向东都巡幸游览？

⑪楹：柱子。栋：房屋正梁。豫章：汉朝郡名，唐代为县，治所在今江西南昌市。

⑫毂：车轴。

乞免民租疏

（唐）狄仁杰

【题　解】

狄仁杰（630～700 年），字怀英，并州太原（今山西太原）人。高宗时，历任并州法曹参军、大理丞、宁州刺史等官职。是武则天晚年敬信的重臣之一。

本篇奏疏是狄仁杰被来俊臣诬告之后，经辩诬，武则天赦免其死罪，被贬赴彭泽县任县令时所呈的奏疏。狄仁杰能主动深入民间，询问百姓疾苦，实为不易。

【原　文】

彭泽①九县，百姓齐营水田。臣方到县，已是秋月，百姓嚣嚣，群然若歎。询其所自，皆云春夏以来，并无霖雨，救死不苏，营佃失时，今已不可改种，见在黄老草菜度日，旦暮之间，全无米粒。窃见彭泽地狭，山峻无田，百姓所营之田，一户不过十亩五亩。准例常年纵得全熟，纳官之外，半载无粮。今总不收，将何活路！自春徂夏，多莩亡者，检有籍历，大半除名，里里乡乡，班班户绝。如此深弊，官吏不敢自裁。谨以奏闻，伏候敕旨。

【注　释】

　　①彭泽：地名，在今江西省九江市湖口县东，因该地有彭蠡泽而得名。

请重耕织表

（唐）裴守真

【题 解】

裴守真，绛州稷山人，善礼仪之学。举进士，应八科举，累调乾封尉，高宗时，为太常博士。

这篇奏疏写于唐高宗永淳初期，当时关中大旱，裴守真亦身陷灾情，因此对民众的疾苦深有同感，为此他不顾官位卑下，毅然上奏朝廷，陈述了百姓的苦情，进而述及百姓生活艰难，必然造成社会不稳定的隐患。最终因他官卑言轻，导致奏疏石沉大海，未得到任何回应。

【原 文】

大谷帛者，非造不育，非人力不成。一夫之耕，才兼数口；一妇之织，不赡一家。赋调所资，军国之急，烦徭细役，并出其中。黠吏①因公以贪求，豪强恃私而逼掠。以此取济，民无以堪。又以征戍阔远，土木兴作，丁匠疲于往来，饷馈劳于转运。微有水旱，道路遑遑，岂不以课税殷繁、素无储积故也。夫太府②积天下之财，而国用有缺；少府③聚天下之伎，而造作不息；司农④治天下之粟，而仓庾不充；太仆⑤掌天下之马，而中厩不足。此数司者，役人有万数，费捐无限极，调广人竭，用多献少。奸伪由此而生，黎庶缘斯而苦，此有国之大患也。

【注　释】

①黠吏：险恶奸诈的胥吏。

②太府：官署名，太府寺，掌金帛府帛、营造器物。

③少府监：掌管百工技艺诸务。

④司农：官名，司农寺，掌管粮食积储、仓廪管理与农林事项。

⑤太仆：太仆寺，掌管舆马与马政事项。

请崇学校疏

（唐）韦嗣立

【题　解】

韦嗣立（654～719 年），字延构。郑州阳武（今河南原阳）人。初举进士，武周、中宗和睿宗三朝中历任凤阁舍人，凤阁侍郎，兵部尚书、中书令等重要官职，封逍遥公。

这篇奏疏主要针对唐中宗、睿宗时腐败成风，政治黑暗的局面而作，作者指出应推崇德化育人，重教兴学；在选拔官员时要择优而取，防止买官歪风的泛滥。这种主张有助于提高官员的素质，使得国家长治久安。

【原　文】

臣伏闻古先哲王立学官，所以掌教国子以六德、六行、六艺，三教备而人道毕矣①。《礼记》曰："化民成俗，必由学乎。"学之于人，其用盖博。故立太学以教于国②，设小学以化于邑，王之诸子、卿大夫士之子及国之俊选皆造焉。八岁入小学，十五入大学，春秋教以《礼》、《乐》，冬夏教以《诗》、《书》。是以教洽而化流，行成而不悖。故自天子至于庶人，未有不须学而成者也。

国家自永淳已来③，二十余载。国学废散，胄子衰缺④。时轻儒学之官，莫存章句之选⑤。贵门后进⑥，竞以侥幸升班；寒族常流⑦，复因陵替弛业。考试之际，秀茂罕登，驱之临人，何以从政？又垂拱之后，文明在辰⑧。盛典鸿休，日书月至。因籍际会⑨，入仕尤多。加以逸邪凶党来俊臣之属，妄执威权，恣行枉陷。正直之伍，死亡为忧。道路以目，人无固志。罕有执不挠之怀，徇至公之节，偷安苟免，聊以卒岁。遂使纲领不振，请托公行，选举之曹，弥长逾滥。随班少经术之士，摄职多庸琐之才，徒以猛暴相夸，罕能清惠自勖⑩。使海内黔首，骚然不安。赖陛下忧劳，频有处分。然革弊斯近，此风尚余，州县官寮，贪鄙未息。而望事必循理，俗致康宁，求之于今，不可得也。

陛下诚能下明制，发德音，广开庠序⑪，大敦学校。三馆、生徒⑫，即令追集。王公已下子弟，不容别求仕进，皆入国学，服膺训典⑬。崇饰馆庙，尊尚儒师，盛陈奠菜之仪⑭，宏敷讲说之会。使士庶观听，有所发扬，宏弊道德，于是乎在。则四海之内，靡然向风，延颈举足，咸知所向。然后审持衡镜，妙择良能，以之临人，寄之调俗。则官无侵暴之政，人有安乐之心。居人则相与乐业，百姓则皆恋桑梓，岂复忧其逃散而贫窭哉。今天下户口，亡逃过半，租调减耗，国用不足。理人之急，尤切于兹。故知务学之源，岂惟润身进德而已，将以安人利国，安可不务之哉。

【注　释】

①六德：智、仁、圣、义、忠、和。六行：孝、友、睦、姻、任、恤。六艺：礼、乐、射、御、书、数。三教：忠、敬、文。

②太学：中国古代的公立大学，始设于汉武帝时期。

③永淳：唐高宗李治的年号（682～683年）。

④胄子：国子学生员。

⑤章句：分析古文中的章节句读。

⑥贵门：豪门贵族。后进：晚辈后生。

⑦寒族：贫寒卑下的人家。

⑧垂拱：武则天临朝称制的第一个年号（685～692年）。文明在辰：指女皇武则天统治天下。辰：代指女性。

⑨因籍际会：靠此机会。

⑩勖：勉励。

⑪庠序：古代的学校。

⑫三馆：国子监、弘文馆、崇文馆。

⑬训典：先贤的教导和规范。

⑭奠菜之仪：祭奠孔子的仪典。

禁奢侈疏

（唐）唐　绍

【题　解】

唐绍，京兆长安（今陕西西安）人，博学有才，游善《三礼》。唐中宗神龙间为太常博士，官累迁至给事中。唐玄宗先天二年（713），因以典仪坐失军容而被杀。

本文主要批评了当时婚嫁与丧葬中的奢侈作风，认为朝廷应当抑制这种奢侈浪费之风的盛行。虽然作者的建议十分中肯，但对于当时的李唐王朝统治者来说，根本就无暇顾及，所以作者的建议并未被采纳。

【原　文】

臣闻王公以下送终明器等物，具标格令，品秩高下①，各有节文。孔子曰："明器者，备物而不可用。以刍灵者善，为俑者不仁。"《传》曰："俑者，谓有面目机发似于生人也，以此而葬，殆将于殉，故曰不仁。"比者王公百官，竞为厚葬，偶人像马，雕饰如生，徒以耀路人，本不因心致礼。更相扇慕，破产倾资，风俗流行，遂下兼士庶。若无禁令，奢侈日增。望请王公已下送葬明器，皆依令式，并陈于墓所，不得衢路将行。

又士庶亲迎之仪，备诸六礼②，所以承宗庙事舅姑，当须昏以为期，诘朝谒见。往者下里庸鄙，时有障车，邀其酒食，以为戏乐。近日此风转盛，上及王公，乃广奏音乐，多集徒侣，遮拥道路，留滞淹时，邀致财物，动逾万计。遂使障车礼贶，过于聘财；歌舞喧哗，殊非助感；既亏名教，实蠹风猷③；违紊礼经，须加节制。望请婚姻家障车者，并须禁断，其有犯者，官荫家请准犯名教例附簿，无荫人决杖六十，仍各科本罪。

【注　释】

①明器：即冥器，随葬器物。品秩：古代官员的官阶品级。

②六礼：指婚姻礼制，分为纳采、问名、纳吉、纳征、请期、亲迎。

③礼贶（kuàng）：赠送财礼。实蠹（dù）风猷：败坏风气教化。

请开言路疏

（唐）颜真卿

【题　解】

颜真卿（709～784 年），字清臣，京兆万年（今陕西西安）人，祖籍琅琊临沂（今山东临沂）。学识渊博，擅写文章。我国著名书法家，辑有《颜鲁公文集》。

本疏上奏于唐代宗即位之初，当时颜真卿任尚书左丞。因宰相元载结党营私，排除异己，阻止下官进言。于是作者上奏，表示强烈反对，并在文中揭穿了元载的政治野心。

【原　文】

御史中丞李进等传宰相语，称奉进止："缘诸司官奏事颇多，朕不惮省览，但所奏多挟谗毁；自今论事者，诸司官皆须先白长官，长官白宰相，宰相定可否，然后奏闻者。"臣自闻此语已来，朝野嚣然①，人心亦多衰退。何则？诸司长官皆达官也，言皆专达于天子也。郎官、御史者，陛下心腹、耳目之臣也。故其出使天下，事无巨细得失，皆令访察，回日奏闻，所以明四目、达四聪也。今陛下欲自屏耳目，使不聪明，则天下何述焉？《诗》云：

"营营青蝇,止于棘。谗言罔极,交乱四国②。"以其能变白为黑,变黑为白也。诗人深恶之,故曰:"取彼谗人,投畀豺虎;豺虎不食,投畀有北。"则夏之伯明、楚之无极、汉之江充,皆谗人也,孰不恶之?陛下恶之,深得君人之体矣。陛下何不深回听察,其言虚诬者,则谗人也,因诛殛之③;其言不虚者,则正人者,因奖励之?陛下舍此不为,使众人皆谓陛下不能明察,倦于听览,以此为辞,拒其谏诤,臣窃为陛下惜之。

臣闻,太宗勤于听览,庶政以理。故著《司门式》云④:"其有无门籍人⑤,有急奏者,皆令监门司与仗家引奏⑥,不许关碍。"所以防壅蔽也。并置立仗马二匹,须有乘骑便往,所以平治天下,正用此道也。天宝已后,李林甫威日盛,群臣不先谘宰相辄奏事者,仍托以他故中伤,犹不敢明约百司,令先白宰相。又,阉官袁思艺日宣诏至中书,玄宗动静,必告林甫,先意奏请,玄宗惊喜若神。以此权柄恩宠日甚,道路以目,上意不下宣,下情不上达。所以渐致潼关之祸,皆权臣误主,不遵太宗之法故也。陵夷至于今日,天下之蔽,尽萃于圣躬,岂陛下招致之乎?盖其所从来者渐矣。自艰难之初,百姓尚未凋敝,太平之理,立可便致。属李辅国用权,宰相专政,递相姑息,莫肯直言。大开三司不安,反侧逆贼,散落将士,北走党项,合集土贼,至今为患。伪将更相惊恐,因思明危惧,扇动却反⑦。又,今相州败散,东都陷没,先帝由此忧勤,至于损寿。臣每思之,痛切心骨!

今天下兵戈未戢,疮痏未平⑧,陛下岂得不日闻谠言以广视听⑨,而欲顿隔忠谠之路乎!臣窃闻,陛下在陕州时,奏事者不限贵贱,务广闻见,乃尧、舜之事也。凡百臣庶,以为太宗之理,可翘足而待也。臣又闻,君子难进易退,由此而言,朝廷开不讳之路⑩，犹恐不言，况怀厌怠，令宰相宣进止，使御史台作条目，不令直进。从此人人不敢奏事，则陛下闻见，只在三数人耳。天下之士，方钳口结舌，陛下后见无人奏事，必谓朝廷无事可论，岂知惧不敢进，即林甫、国忠复起矣。凡百臣庶，以为危殆之期，又翘足而至也，如今日之事，旷古未有；虽李林甫、杨国忠，犹不敢公然如此。今陛下不早觉悟，渐成孤立，后纵悔之，无及矣！

臣实知忤大臣者，罪在不测，不忍孤负陛下，无任恳迫之至！

【注　释】

①嚣然：众人议论纷纷。

②《诗》云句：出自《诗经·小雅·青蝇》。比喻好进谗言的奸臣扰乱正常秩序。

③诛殛（jí）：处死刑。

④《司门式》：管理皇宫门的法规条文。

⑤门籍：出入宫门的登记簿。

⑥监门司：管理宫殿门户的机构。

⑦扇动却反：煽动反叛。

⑧戢：收敛，收藏。疮痏（wěi）：创伤。

⑨谠言：正直诚恳的话。

⑩不讳：大胆进言，毫不忌讳。

请汰冗吏疏

（唐）李吉甫

【题 解】

李吉甫（758～814 年），字弘宪，赵郡（今河北赵县）人。唐代政治家、地理学家。代表作《元和郡县图志》，是我国现存最古老的一部舆地总志。

元和六年，李吉甫任宰相，他上此奏疏，意在加大裁减官员的力度以缓解因官员人数增加而导致的财政压力。文中他引证户口、兵员、俸禄等例子，阐明了裁减官员人数的必要性。最终，唐宪宗采纳其建议，既减轻了财政负担，又整顿了吏治，为后人所称道。

【原 文】

方今置吏不精，流品庞杂①，存无事之官，食至重之税。故生人日困，冗食日滥②。又国家自天宝以来，宿兵八十余万，其去为商贩、度为佛老、杂入科役者，率十五以上。天下常以劳苦之人三，奉坐待衣食之人七。而内外官仰奉廪者无虑万员，有职局重出、名异事杂者甚众。故财日寡而受禄多，官有限而调无数，九流安得不杂③？万务安得不烦？汉初置郡不过六十，而文景几三王④。则郡少不必政紊，郡多不必事治。今列州三百，县千四百，以邑设州，以乡分县，费广制轾⑤，非致化之本。顾诏有司博议，州县有可并，并之；岁时入仕有可停，停之。则吏寡易求，官少易治。国家之制，官一品奉三千，职田禄米大抵不过千石⑥。大历时，权臣月奉至九千缗者，州刺史无大小皆千缗⑦。宰相常衮始为裁限，至李秘量闲剧稍增之，使相通济⑧。然有名在职废，奉存额去；闲剧之间，厚薄顿异，亦请一切商定。

【注　释】

①流品：本指官阶，唐代官位品级分为流内、流外，流内又分列九品三十阶。

②滥：无度。

③调：唐代前期向农民征收的一种租税。九流：战国时儒、道、法、墨等九种学派。

④文景：西汉的文景二帝。三王：夏禹、商汤、周文王。

⑤轾：车前重而向下倾。

⑥职田：隋朝开始的官吏的禄米之田。

⑦缗：成串之钱，每串一千文。

⑧通济：相互调济。

宋代

乞不用赃吏疏

（北宋）包　拯

【题　解】

包拯（999～1062 年），字希仁，庐州合肥（今安徽合肥）人，北宋官员，以清廉公正而著称。

这篇奏疏写于宋仁宗庆历年间，包拯时任监察御史。因包拯目睹官场的腐败风气，于是专门写了此奏章给仁宗。他列举了先朝的法令政纲，要求对贪官污吏严厉惩罚，反映了包拯刚正不阿的品格特征。

【原　文】

臣闻廉者，民之表也；贪者，民之贼也①。今天下郡县至广，官吏至众，而赃污擿发②，无日无之。洎具案来上，或横贷以全其生，或推恩以除其衅③。虽有重律，仅同空文，贪猥之徒，殊无忌惮。昔两汉以赃私致罪者，皆禁锢子孙，矧自犯之乎？太宗朝尝有臣僚数人犯罪，并配少府监隶役。及该赦宥④，谓近臣曰："此辈既犯赃滥，只可放令遂便⑤，不可复以官爵。"其责贪残、慎名器如此，皆先朝令典，固可遵行。欲乞今后应臣僚犯赃抵罪，不从轻贷⑥，并依条施行，纵遇大赦，更不录用。或所犯若轻者，只得受副使上佐⑦。如此，则廉吏知所劝，贪夫知所惧矣。

【注　释】

①表：表率。贼：仇敌。

②摘：揭发。

③洎（jì）：等到，达到。衅：罪过。

④赦宥：赦免宽恕。

⑤放令遂便：免除官职。

⑥轻贷：从轻发落。贷：宽大原谅。

⑦副使：指节度副使。

论减冗官节财用

（北宋）包　拯

【题　解】

本文写于宋仁宗皇祐年间，时任知谏的包拯看到冗官、冗兵现象泛滥，各种税收出现失衡局面，于是建议朝廷裁汰冗官，减免杂税，以达到国家的长治久安的目的。文中引用数据展开论证，很具说服力。

【原　文】

臣伏见景德、祥符中，文武官总九千七百八十五员。今内外官属总一万七千三百馀员，其未授差遣京官、使臣及守选人，不在数内，较之先朝，才四十馀年，已逾一倍多矣。窃以唐虞建官惟百，夏商倍之；周设六官①，僚属渐广；秦并六国，郡县益众；降及汉魏，以至隋唐，虽设官寝多，然未有如本朝繁冗甚也。今天下州郡三百二十，县一千二百五十。而一州一县所任之职，素有定额，大率用吏不过五六千员，则有馀矣。今乃三倍其多，而又三岁一开贡举②，每放仅千人③，复有台寺之小吏④，府监之杂工，庙序之官，进纳之辈，总而计之，不止于三倍。是食禄者日增，力田者日耗，则国计民力安能不窘乏哉？

臣谨按，景德中，天下财赋等岁入四千七百二十一万一千匹贯石两⑤，支四千九百七十四万八千九百匹贯石两，在京岁入一千八百三十九万二千匹贯石两，支一千五百四十万四千九百匹贯石两；庆历八年，天下财赋等岁入一万三百五十九万六千四百匹贯石两，支八千九百三十八万二千七百匹贯石两，在京岁入一千八百九十九万六千五百匹贯石两，支二千二百四十万九百匹贯石两。况天下税籍有常数矣⑥，今则岁入倍多者，何也？盖祖宗之所输之税，只纳本色，自后以用度日广，所纳并从折变，重率暴敛，日甚一日，何穷之有？且天下田土财用，比之曩时⑦，虚耗渐以不逮，岂于今而能倍之乎？非天降地出，但诛求于民无纪极尔。输者已竭，取者未足，则大本安所固哉？

臣以为，冗吏耗于上，冗兵耗于下，欲救其弊，当治其源，在乎减冗杂而节用度。若冗杂不减，用度不节，虽善为计，亦不能救也。方今山泽之利竭矣，征赋之人尽矣；幸而西北无事，乃是可为之时。若不锐意而改图，但务因循，必恐贻患将来，有不可救之过矣。伏望上体祖宗之成宪⑧，下恤生灵之重困，谓设官太多也，则宜艰难选举，澄汰冗杂；谓养兵太众也，则宜罢绝招募，拣斥老弱。土木之工，不急者悉罢之；科率之出⑨，无名者并除之。省禁中奢侈之僭，节上下浮枉之费，当承平之代，建长久之治。愿陛下留神省察，申命宰执⑩，条此数事而力行之，则天下幸甚！

【注　释】

①六官：六卿之官。按《周礼》记载：设天官冢宰，总领百官；地官司徒，掌教化；春官宗伯，掌礼仪；夏官司马，掌军队；秋官司寇，掌刑

法；冬官司空，掌工技百工，通称六官。

②贡举：科举考试。

③放：放榜公布录取名次。

④台寺：朝廷的官府机构。

⑤匹贯石两：量词，绢帛谓匹，货币谓贯，谷米谓石，银钱谓两。这里代指财税收入。

⑥税籍：指征收赋税。

⑦曩（nǎng）时：以往。

⑧成宪：现有的既成法规。

⑨科率：收取税物的计算比率与方法。

⑩宰执：宰相。

为君难说

（北宋）欧阳修

【题　解】

　　欧阳修（1007～1072 年），字永叔，号醉翁，晚号"六一居士"。吉州永丰（今江西吉安）人。官至枢密副使、参知政事，以太子少师退归，赠太子太师。谥号文忠，世称欧阳文忠公，北宋文学家、史学家，"唐宋八大家"之一。

　　本奏疏写于庆历二年，分上、下篇，上篇主要论述了君王应如何用人的问题，并阐明了要想为君不难就得处理好用人和广泛听取意见之间的关系。下篇侧重阐述了国君听取臣子意见的方法，作者认为国君应当多听逆耳的忠言，防止被花言巧语迷惑。本文以史为证，逻辑严密，具有很强的说服力。

【原　文】

　　语曰为君难者，上孰难哉？盖莫难于用人。

　　夫用人之术，任之必专，信之必笃①，然后能尽其材，而可共成事。及其失也，任之欲专，则不复谋于人而拒绝群议，是欲尽一人之用，而先失众人之心也；信之欲笃，则一切不疑而果于必行，是不审事之可否、不计功之成败也。夫违众举事，又不审计而轻发，其百举百失而及于祸败，此理之宜然也。然亦有幸而成功者。人情或是而败非，则又从而赞之：以其违众为独见之明，以其拒谏为不惑群论，以其偏信而轻发为决于能断。使后世人君，慕此三者以自期。至其信用一失而及于祸败者多矣，不可以遍举，请试举其一二。

昔秦符坚地大兵强，有众九十六万，号称百万，蔑视东晋，指为一隅，谓可直以气吞之耳。然而举国之人皆言晋不可伐，更进互说者不可胜数；其所陈述天时人事，坚随以强辩折之，忠言谠论皆沮屈而去。如王猛、符融老成之言也，不听；太子宏、少子诜至亲之言也，不听②；沙门道安，坚平生所信重者也，数为之言，不听。惟听信一将军慕容垂者。垂之言曰："陛下内断神谋足矣，不烦广访朝臣，以乱圣虑。"坚大喜曰："与吾共定天下者，惟卿尔。"于是决意不疑，遂大举南伐。兵至寿春，晋以数千人击之，大败而归③，比至洛阳④，九十六万兵亡其八十六万，坚自此兵威沮丧，不能复振，遂至于乱亡。

近五代时，后唐清泰帝患晋祖之镇太原也，地近契丹，恃兵跋扈，议欲徙之于郓州。举朝之士皆谏，以为未可。帝意必欲徙之，夜召常所与谋枢密直学士薛文遇问之，以决可否。文遇对曰："臣闻作舍道边，三年不成。此事断在陛下，何必更向群臣。"帝大喜曰："术者言我今年当得一贤佐，助我中兴，卿其是乎！"即时命学士草制，徙晋祖于郓州。明日宣麻⑤，在廷之臣皆失色。后六日而晋祖反出至，清泰帝忧惧不知所为，谓李崧曰："我适见薛文遇，为之肉颤，欲自抽刀刺之。"崧对曰："事已至此，悔之无及。"但君臣相顾涕泣而已。

由是言之，能力拒群议，专信一人，莫如二君之果也；由之以致祸败乱亡，亦莫如二君之酷也。方苻坚欲与慕容垂共定天下⑥，清泰帝以薛文遇为贤佐，助我中兴，可谓临乱之君，各贤其臣者也。

或有诘予曰⑦："然则用人者不可专信乎？"应之曰："齐桓公之用管仲，蜀先主之用诸葛亮，可谓专而信矣，不闻举齐、蜀之臣民非之也。"盖其令出而举国之臣民从，事行而举国之臣民便，故桓公、先主得以专任而不贰也。使令出而两国之人不从，事行而两国之人不便，则彼二君者其肯专任而信之，以失众心而敛国怨乎⑧！

呜呼！用人之难难矣，未若听言之难也。

夫人之言非一端也。巧辩纵横而可喜，忠言质朴而多讷⑨，此非听言之难，在听者之明暗也；谀言顺意而易悦；直言逆耳而触怒，此非听言之难，在听者之贤愚也。是皆未足为难也。若听其言则可用，然用之有辄败人之事者⑩；听其言若不可用，然非如其言不能以成功者。此然后为听言之难也。请举一二。

战国时，赵将有赵括者，善言兵，自谓天下不能当。其父奢，赵之名将，老于用兵者也，每与括言，亦不能屈。然奢终不以括为能也。叹曰："赵若以括为将；必败赵事。"其后奢死，赵遂以括为将。其母自见赵王，亦言括不可用，赵王不听，使括将而攻秦。括为秦军射死，赵兵大败，降秦者四十万人，坑于长平。盖当时未有如括善言兵，亦未有如括大败者也。此听其言可用，用之辄败人事者，赵括是也。

秦始皇欲伐荆⑪，问其将李信，用兵几何？信方年少而勇，对曰："不过二十万足矣。"始皇大喜。又以问老将王翦，翦曰："非六十万不可。"始皇不悦曰："将军老矣，何其怯也！"因以信为可用，即与兵二十万使伐荆。王翦遂谢病，退老于颍阳。已而，信大为荆人所败，亡七都尉而还⑫。始皇大惭，自驾如颍阳谢翦，因强起之。翦曰："必欲用臣，非六十万不可。"于是卒与六十万而往，遂以灭荆。夫初听其言若不可用，然非如其言不能以成功者，王翦是也。

且听计于人者宜如何？听其言若可用，用之宜矣，辄败事；听其言若不可用，舍之宜矣，然必如其说则成功，此所以为难也。

予又以谓秦、赵二主非徒失于听言⑬，亦由乐用新进、忽弃老成，此其所以败也。大抵新进之士喜勇锐，老成之人多持重⑭。此所以人主好立功名者，听勇锐之语则易合，闻持重之言则难入也。

若赵括者，则又有说焉。予略考《史记》所出，是时赵方遣廉颇攻秦，颇，赵名将也，秦人畏颇，而知括虚言易与也，因行反间⑮于赵曰："秦人所畏者，赵括也，若赵以为将，则秦惧矣。"赵王不悟反间也，遂用括为将以代颇。蔺相如力谏以为不可，赵王不听，遂至于败。由是言之，括虚谈无实而不可用，其父知之，其母亦知之，赵之诸臣蔺相如等亦知之，外至敌国亦知之，独其主不悟尔。

夫用人之失，天下之人皆知其不可，而独其主不知者，莫大之患也。前进之祸乱败亡，由此者不可胜数也。

【注　释】

①笃：一心一意，忠实。

②诜：即苻诜，苻坚之子。

③大败而归：指秦晋淝水之战。秦军兵临淝水，晋军以少胜多，大败秦军，苻坚从此一蹶不振。

④比至：及，等到。

⑤宣麻：唐宋时任免将相，是用黄白麻纸写诏书在朝廷宣读。

⑥方：正当。

⑦诘：反问。

⑧敛国怨：招致臣民对朝廷的怨恨。

⑨讷：木讷，迟钝。

⑩辄：总是。

⑪荆：楚国。

⑫都尉：郡治中的武官。

⑬徒：仅仅，只。

⑭持重：谨慎，不浮躁。

⑮反间：挑拨离间。

论治道在审识人情

（北宋）韩 维

【题 解】

韩维（1017～1098 年），字持国，开封雍丘（今河南杞县）人，宋仁宗时由欧阳修荐知太常礼院，不久出通判泾州。著有《南阳集》。

此奏疏写于元丰八年（1085），当时哲宗刚继位，朝廷政情发生了变化。作者路过汴京时向哲宗上书，他提出君王一定要体察民情，重视"民本"思想，这样方可使"陛下之法，不待教而自成"。后来，哲宗看到此奏疏后，重用了韩维。

【原 文】

臣闻治天下之道，不必过求高远，止在审识人情而已①。识人情不难，以己之心推人之情，则可见矣。大凡贫则思富，苦则思乐，困则思息，郁则思通②。陛下诚能常以利民为本，则民富矣；常以爱民为心，则民乐矣。赋役非人力所堪者去之，则劳困息矣；法禁非人情所便者蠲之③，则郁塞通矣。推此心而广之，尽诚心而行之，则圣子神孙观陛下之法，不待教而自成；圣德贤士闻陛下之风，不烦谕而争先效忠矣④。

【注　释】

①止：通"只"，仅仅。

②郁：忧结，郁积。

③蠲：免除。

④谕：古代以书面形式由上级告知下级的说法，此指诏令。

答司马谏议书

(北宋) 王安石

【题 解】

王安石 (1021～1086 年), 字介甫, 号半山, 晚年退居江宁, 封荆国公, 世称王荆公。抚州临川 (今属江西) 人, 北宋政治家、文学家、思想家, "唐宋八大家" 之一。

这是一篇书信体的驳论文, 写于宋神宗熙宁年间, 当时王安石任宰相, 推行新法, 因新法触犯了保守势力的利益, 而引起了保守势力的强烈反对。司马光作为保守势力的代表人物, 写了一封信给王安石, 抨击新政。于是王安石回了这封回信, 反驳了司马光强加给他的 "侵官、生事、征利、拒谏、怨谤" 五个罪名, 并表明了坚持新法的决心。文章逻辑性强, 言辞犀利, 被列为古代驳论名篇之一。

【原 文】

某启: 昨日蒙教, 窃以为与君实游处相好之日久①, 而议事每不合, 所操之术多异故也②。虽欲强聒③, 终必不蒙见察, 故略上报, 不复一一自辨, 重念蒙君实祝遇厚, 于反复不宜卤莽,故今具道所以，冀君实或见恕也。

盖儒者所争，尤在于名实。名实已明，而天下之理得矣。今君实所以见教者，以为侵官、生事、征利、拒谏、以致天下怨谤也。某则以为：受命于人主，议法度而修之于朝廷，以授之于有司，不为侵官；举先王之政，以兴利除弊，不为生事；为天下理财，不为征利；辟邪说④，难壬人，不为拒谏。至于怨谤之多，则固前知其如此也。

人习于苟且非一日，士大夫多以不恤国事、同俗自媚于众为善。上乃欲变此，而某不量敌之众寡，欲出力助上以抗之，则众何为而不汹汹然⑤？盘庚之迁，胥怨者民也⑥，非特朝廷士大夫而已。盘庚不为怨者故改其度，度义而后动，是而不见可悔故也。如君实责我以在位久，未能助上大有为，以膏泽斯民⑦，则某知罪矣；如曰今日当一切不事事，守前所为而已，则非某之所敢知。

无由会晤，不任区区向往之至。

【注　释】

①君实：司马光的字。

②所操之术：所持政见。

③强聒：勉强解说。

④辟：排斥。

⑤汹汹：喧闹的样子。

⑥盘庚之迁：指商王盘庚五次迁都。胥：相也。

⑦膏泽斯民：使人民享受恩惠。

论为君要在讲习三圣之道

（北宋）范百禄

【题　解】

范百禄（1030～1094年），字子功，成都华阳（今四川成都）人。北宋进士，其人正直清廉，勤于政事，敢于直言，故于河南任上。

本文写于元祐八年（1093），为作者出任河中府离京前夕所作。奏文中，作者表明了忠于朝廷的决心，并建议哲宗多加探求黄帝、尧、舜的治国之道，学习先圣，以实现国家的安稳太平。

【原　文】

臣伏以陛下留心大学之道①，日就月将，涧源精微，积善成圣，以至于高明光大，无所不通。此乃宗庙社稷之休，天地元元之福，而太皇太后丰功盛德也。

臣千载之遇，实与四方生灵同兹庆幸。然臣区区管窥，犹愿有所献焉者。诚以为圣主之学诗书礼乐之大，道德仁义之实，与夫一祖五宗之典法、谟训、英谋、睿烈，既日陈于前，而饫闻于上②。然犹有不可一日可离者。盖又有黄帝、尧、舜之道存焉。

人主欲尊其慕尚，必行三圣人之道，倘未知师三圣人之所以养生褆身③，以求保天下生民之福，以长固国家无穷之休，则何以行三圣人之遗心、余迹哉？凡三圣人所以养生褆身之要，布在方册，《诗》、《周易》、《传》、《记》百家灿然备载，皆可参考。

臣愿诏经筵讲读官讨论④，采掇自古黄帝、尧、舜以来，帝王养生褆身可法之言、可行之事，于双日所进。故实内时，以一、二上资圣览，或意义有所未显，亦宜雍容敷绎以闻。愿陛下观其所以致福寿、康宁之术，取法而行之；览其反此而致不善者，规警而戒之。孔子曰："少之时，血气未定，戒之在色。"《易》"颐"之象曰："君子以谨言语，节饮食。"言语犹节，而况其余乎？

臣戆愚，匹夫之虑不足为陛下至计。方出守外郡，远去阙庭⑤，臣子之心不胜悃愊⑥。伏惟留神省察。

【注　释】

①大学之道：指修身、齐家、治国、平天下之道，以及文字、校勘等。

②饫闻：见闻很多。

③褆身：安身。

④经筵讲读官：翰林侍讲学士、侍读学士，以及其他兼侍读、侍讲、说书等职官员的通称。每年春、秋定时入宫讲读。

⑤阙庭：朝廷。

⑥悃愊：非常恳切。

教战守策

（北宋）苏 轼

【题 解】

苏轼（1037～1101 年），字子瞻，号东坡居士，眉州眉山（今四川眉山）人。宋代著名文学家，"唐宋八大家"之一。

本文是作者写给宋仁宗的一篇策论。当时宋与西夏、契丹矛盾尖锐而宋朝统治集团却对外妥协、对内不修武备，于是作者经过分析当时的形势，强调必须"使平民皆习于兵"，方可有备无患、长治久安。文笔自然流畅，富有感染力和说服力。

【原 文】

夫当今生民之患，果安在哉？在于知安而不知危，能逸而不能劳。此其患不见于今，而将见于他日。今不为之计，其后将有所不可救者。

昔者先王知兵之不可去也，是故天下虽平，不敢忘战。秋冬之隙，致民田猎以讲武，教之以进退坐作之方，使其耳目习于钟鼓、旌旗①之间而不乱，使其心志安于斩刈杀伐之际而不慑。是以虽有盗贼之变，而民不至于惊溃。及至后世，用迂儒之议，以去兵为王者之盛节，天下既定，则卷甲而藏之。数十年之后，甲兵顿弊，而人民日以安于佚乐；卒有盗贼之警，则相与恐惧讹言，不战而走。开元、天宝之际，天下岂不大治？惟其民安于太平之乐，豢于游戏酒食之间，其刚心勇气，消耗钝眊②，痿蹶③而不复振。是以区区之禄山一出而乘之，四方之民，兽奔鸟窜，乞为囚虏之不暇；天下分裂，而唐室固以微矣。

盖尝试论之：天下之势，譬如一身。王公贵人所以养其身者，岂不至哉？而其平居④常苦于多疾。至于农夫小民，终岁勤苦而未尝告病。此其故何也？夫风雨霜露寒暑之变，此疾之所由生也。农夫小民，盛夏力作，而穷冬暴露，其筋骸之所冲犯，肌肤之所浸渍⑤，轻霜露而狃风雨，是故寒暑不能为之毒。今王公贵人处于重屋之下，出则乘舆，风则袭裘，雨则御盖，凡所以虑患之具莫不备至，畏之太甚而养之太过，小不如意，则寒暑入之矣。是故善养身者，使之能逸而能劳，步趋动作，使其四体狃⑥于寒暑之变；然后可以刚健强力，涉险而不伤。夫民亦然。今者治平之日久，天下之人骄惰脆弱，如妇人孺子，不出于闺门。论战斗之事，则缩颈而股栗；闻盗贼之名，则掩耳不愿听。而士大夫亦未尝言兵，以为生事扰民，渐不可长。此不亦畏之太甚而养之太过欤？

且夫天下固有意外之患也。愚者见四方之无事，则以为变故无自而有，此亦不然矣。今国家所以奉西、北之虏者⑦，岁以百万计。奉之者有限，而求之者无厌，此其势必至于战。战者，必然之势也，不先于我，必先于彼，不出于西，则出于北；所不可知者，有迟速远近，而要以不能免也。天下苟不免于用兵，而用之不以渐，使民于安乐无事之中，一旦出身而蹈死地，则其为患必有不测。故曰，天下之民知安而不知危，能逸不能劳，此臣之所谓大患也。

臣欲使士大夫尊尚武勇，讲习兵法；庶人之在官者，教以行阵之节；役民之司盗者，授以击刺之术。每岁终则聚于郡府，如古都试之法⑧，有胜负，有赏罚；而行之既久，则又以军法从事。然议者必以为无故而动民，又挠以军法⑨，则民将不安；而臣以为此所以安民也。天下果未能去兵，则其一旦将以不教之民而驱之战；夫无故而动民，虽有小恐，然孰与夫一旦之危哉？

今天下屯聚之兵⑩，骄豪而多怨，陵压⑪百姓而邀其上者，何故？此其心以为天下之知战者，唯我而已。如使平民皆习于兵，彼知有所敌，则固已破其奸谋而折其骄气。利害之际，岂不亦甚明欤？

【注　释】

①旌旗：古代用来指挥的战旗或令旗。

②钝眊：消磨。眊，眼睛昏聩。

③痿蹶：萎缩而又僵化。

④平居：平时，平日。

⑤渍：浸泡。

⑥狃：习惯。

⑦西、北之虏：指西边的西夏、北边的契丹。

⑧都试：按汉制，每年秋季集训官兵。

⑨挠：阻挠，扰乱。

⑩屯聚之兵：指禁军。宋制分四类，即禁兵、厢兵、乡兵、藩兵。

⑪陵压：欺压。

乞出师札子

（南宋）岳　飞

【题　解】

　　岳飞（1103～1142年），字鹏举，相州汤阴（今河南安阳）人。出身农家，官至枢密副使，封武昌郡开国公。

　　本文写于绍兴七年（1137）三月，是呈给宋高宗的。当时高宗将淮西兵马五万余人交付岳飞统领，岳飞见收复中原有望，异常激奋，写下了此道札子，文中溢满爱国之情，并详细分析了敌我力量，提出了周密的作战方略，高宗也深表支持。

【原　文】

　　臣伏自国家变故以来，起于白屋①，实怀捐躯报国、复仇雪耻之心，幸凭社稷威灵，前后粗立薄效。而陛下录臣微劳，擢自布衣②，曾未十年，官至太尉，品秩比三公，恩数视二府，又增重使名，宣抚诸路。臣一介贱微，宠荣超躐③，有逾涯分。今者，又蒙益臣军马，使济恢图。臣实何人，误辱神圣之知如此，敢不昼度夜思，以图报称？

　　臣揣敌情，所以立刘豫于河南④，而付之齐、秦之地，盖欲荼毒中原生灵，以中国而攻中国。粘罕因得休兵养马，观衅乘隙，包藏不浅。臣不及此时，禀陛下睿算妙略，以伐其谋，使刘豫父子隔绝，五路叛将，还归两河，故地渐复，则金贼诡计日生，它时浸益难图。臣愚，欲望陛下假臣日月，勿复拘臣淹速⑤，使敌莫测，臣举措万一得便可入。则提兵直趋京洛，据河阳、陕府、潼关，以号召五路叛将，则刘豫必舍汴都而走河北，京畿、陕右，可以尽复。至京东诸郡，陛下付之韩世忠、张俊，亦可便下。臣然后分兵璘、滑⑥，经略两河，刘豫父子，断可成擒。如此，则金贼有破灭之理，为陛下社稷长久无穷之计，实在此举。假令汝、颍、陈、蔡，坚壁清野，商於、虢略，分屯要害，进或无粮可因，攻或难于馈运⑦，臣须敛兵，还保上流。贼定追袭而南，臣俟其来，当率诸将，或挫其锐，或待其疲。贼利速战，不得所欲，势必复还，臣当设伏，邀其归路，小入则小胜，大入则大胜，然后徐谋再举。设若贼见上流进兵，并力来侵淮上，或分兵攻犯四川，臣即长驱捣其巢穴。贼困于奔命，势穷力殚，纵今年未尽平殄⑧，来岁必得所欲，亦不过二三年间，可以尽复故地。陛下还归旧京，或进都襄阳、关中，惟陛下所择也。

臣闻兴师十万，日费千金，邦内骚动，七十万家，此岂细事？然古者命将出师，民不再役，粮不再籍，盖虑周而用足也。今臣部曲⑨，远在上流，去朝廷数千里，平时每月粮食不足之忧。是以去秋臣兵深入陕、洛，而在寨卒伍，有饥饿闪走，故臣急还，不遂前功。致使贼地陷伪，忠义之人，旋被屠杀，皆臣之罪。今日惟赖陛下戒敕有司，广为储备，俾臣得一意静虑，不为兵食乱其方寸⑩，则谋定计审，仰尊陛下成算，必能济此大事也。

异时迎还太上皇帝、崇德皇后梓宫，奉邀天眷归国⑪，使宗庙再安，万姓同欢，陛下高枕无北顾忧，臣之志愿毕矣！然后乞身还田里，此臣夙昔⑫所自许者。伏惟陛下恕臣狂易，臣无任战汗，取进止。

【注　释】

①白屋：平民百姓的住所，这里指出身于平民。

②布衣：原指百姓穿的衣服，这里借代平民。

③超躐：越级提拔。

④刘豫：南宋初伪齐政权皇帝。

⑤淹速：指时间的长短。

⑥璿：璿县，今属河南。滑：滑州，今属河南滑县。

⑦馈运：运输军粮。

⑧平殄：平定，消灭。

⑨部曲：古代的军队编制单位。

⑩方寸：心意。

⑪太上皇帝：皇帝父亲的尊号，这里指被掳的宋徽宗。梓宫：帝、后用梓木所做的棺材。天眷：帝王的家眷。

⑫夙昔：朝夕，早晚。

论用才之路欲广札子

（南宋）张孝祥

【题　解】

　　张孝祥（1132～1169年），字安国，别号于湖居士，历阳乌江（今安徽和县）人。南宋爱国词人。

　　在作者看来，一个国家的强盛与衰弱，不在于有多少军队，也不在于有多少钱粮，而是取决于人才的多少。因此，作者提出应当广开用人之路的建议。全文条理清晰，自然流畅。

【原　文】

　　臣闻国之强弱，不在甲兵，不在金谷①，独在人才之多少。项羽未尝不强也，未尝不胜也，而高祖卒取天下②。盖项氏之臣所谓杰出者，往往不能容，反为刘氏用，无惑乎项亡而刘之兴也。臣恭惟陛下以英武不世出之姿，当艰难之时，独运神断，思济宏业，孜孜汲汲，二年于兹，而成功泯然未有端绪③，盖所谓人才者尚少，不足以备使用耳。

　　今人官之门虽广，而用才之路实狭。古者取于盗贼，取于夷狄，取于仇雠，取于姻戚④，苟才矣，初不闻其生出之本末也。

今兹不然，非进士科，则朝廷已不敢辄有除用⑤。幸而用一人焉，议者必曰："此非清流也，此某人之戚党也，此某人之子若孙也，此故尝有所负犯也，此跌宕而不羁也⑥。"其用武臣亦然，吹毛求疵，深排力沮⑦。夫如是而欲力致天下之豪杰，以济非常之事，难矣！欲望圣慈深诏大臣，各体此意，舍去拘挛⑧，收拾度外之士，博取而详察，以备缓急之用。大才既多，使之治财赋，使之治军旅，使之宣力四方，陛下将无往而不获，无为而无不成矣。臣不胜卷卷⑨。取进止。

【注　释】

①金谷：钱与粮。

②项羽：（前232～前202年），秦末农民起义军首领，自立为西楚霸王，后兵败自刎于乌江。高祖：汉高祖刘邦。

③端绪：头绪。

④仇雠：仇敌。姻戚：有婚姻关系的亲戚。

⑤除：授予官职。

⑥跌宕：行为自由无拘束。

⑦深排力沮：极力排斥和阻挠。

⑧拘挛：拘束。

⑨卷卷：忠恳诚实的样子。

言用人四事

（南宋）刘清之

【题　解】

刘清之（1134～1190年），字子澄，临江（今江西清江西）人，他聪慧好学，勤奋刻苦，为绍兴二十七年（1157）进士。历任袁州宜春县主簿、万安县丞、宜黄知县、大常寺主簿等官职。

本文是刘清之入朝后针对加强行政管理的问题提出的一些建议。"绍兴和议"之后，南宋统治集团中盛行的偏安江南、妥协投降的思想，作者围绕"人才选用"这个主题展开论述，并总结了如下四点：一、官员的任用应先从政治上加以考量，务必依据他们的思想、品行来安排职务。二、要明确划分职位范围，能使其在其位而谋其政，防止责任混乱。三、人才任用必须妥善，做到知人善任，量才录用。四、应当提倡奖掖后进，推荐人才。上述内容，至今仍有借鉴意义。

【原　文】

一曰辨贤否。谓道义之臣，大者可当经纶①，小者可为仪刑；功名之士，大者可使临政，小者可使立事。至于专谋富贵利达而已者下也。二曰正名实。今百有司职守不明，非旷其官，则失之侵逼^②。愿诏史官考究设官之本意，各指其合主何事，制旨亲定，载之命书，依开宝中差诸州通判故事，使人人晓然知之而行赏罚焉^③。三曰使材能。谓军旅必武臣，钱谷必能吏，必临之以忠信不欺之士，使两人者皆得以效其所长。四曰听换授。谓文武之官不可用违其才，然不当许之自列，宜令文武臣四品以上，各以性行材略及文武艺，每岁互举堪充左右选者一人，于合入资格外，稍与优奖。

【注　释】

①经纶：原指整理过的蚕丝，理出来的头绪叫经，编丝成绳叫纶，统称为经纶，此处引申为筹划治理国家大事。

②侵逼：侵犯。

③史官：即主掌文籍的官员。开宝：宋太祖之年号。晓然：理解。

论民俗之厚薄关乎天下之治乱

（南宋）崔敦诗

【题　解】

崔敦诗（1139～1182年），字大雅，通州静海（今江苏南通）人。绍兴年间进士。历任翰林权直、崇政殿说书、中书舍人等官职。博览众书，文才敏捷。著有《玉堂类稿》、《西垣类稿》等。

本奏疏是作者旨在向孝宗皇帝陈述风俗教化对治理国家的作用。作者通过列举三代及秦汉以来的民俗现状，从正反两方面阐明了皇帝"礼治则天下治，法治则天下乱"的道理，接着指出近年来"民俗日薄"的现状，希望皇帝能重视民俗教化的作用，以使得国家达到长治久安。

【原　文】

臣闻民俗之厚薄关乎天下之治乱。尧舜之民，比户皆可封也，所以为治朝；桀纣之民，比屋皆可诛也，所以为乱世。自昔圣帝明王，所以移风易俗以寿天下之脉，知夫不可以法防而禁止，于是一以教化为先。

暨秦汉以来，风俗益弊，而时君世主不务崇尚教化，方区区于法禁之间。法愈繁而奸愈生，禁愈密而诈愈出，是以董仲舒、王吉之徒①，始推原所，自而以教化不修为言。窃观文帝之世，一以君子长者之道待天下。镇之以渊默，示之以淳朴，用能海内富庶兴。于礼义断狱数百，几致刑措，教化之效，讵不然欤？臣仰惟陛下勤俭之德，仁孝之资，尚忠厚以迪民彝②，崇朴素以先天下，是以四海之民，观感而化，悉趋于善。然而比年以来，民俗日薄。闾阎之内③，田野之间，习嚣嚣顽庸之态④，扇乘争陵犯之风，以疾视为常情，以雠杀为美事，及其极弊，至于灭人情、绝天理，不可忍言。汉魏相所谓⑤“今年子弟杀父兄，妻杀夫”，以为非小变者，此之谓也。而士大夫方循习为常，恬不为怪，盖病在腹心，发见于外，已非美证而顾以为缓，岂不戾欤⑥！虽然，近民之官，无如郡守，上之所使，以承流宣化，风俗不善，宜责于此。臣伏望睿慈发德音，下明诏，俾四方长吏颇以教化为务。射乡食飨之礼⑦，可举者举之；孝友睦姻之俗，可旌者旌之。要不专于法禁而务以移风易俗，使民回心而乡道，兹至治之本也。且昔之为郡，其民有为不善，则闭阁自责。今使陛下之长吏，人人各以风俗为任，则陛下之民，其有不归于善者乎？惟圣意留神幸甚。

【注 释】

①徒：同一派系的人。

②尚：崇尚。迪：启迪。彝：常理。

③闾阎：指民间；闾：里门；阎：里中门。

④嚣嚣：自得，不在乎的样子。

⑤魏相：西汉大臣，字弱翁，济阴定陶（今山东定陶西北）人。

⑥戾：本意为违背、违反，此处引申为乖张，不讲情理。

⑦射乡：指乡射礼和乡饮酒礼，古代乡饮酒礼之后举行乡射礼。

论水利与屯田疏

（南宋）蔡 戡

【题　解】

蔡戡（1141～1182年），字定夫，福建仙游人，南宋官吏。著有《定斋集》。

本奏疏是作者向孝宗皇帝就水利与屯田之事提供的建议。作者由城、兵、食三者的关系引出粮食的话题。彼时，由于战事频繁，大片良田因无人耕种而荒芜，作者看到了这一现状，于是向皇帝建议，应当采取"取之于土产"、"官自为之"的办法；此外，他还提出开凿水渠使粮食增产的办法。综合来看，作者对此是进行了深入的研究和调查，也体现了他的政治责任感。

【原　文】

臣闻守城以兵，养兵以食。有城而无兵，与无城同；有兵而无食，与无兵同。三者不可阙一①。

今襄阳桩积米②不过三万石，借贷侵移，陈腐之余，所存不多。缓急何以为备？况总领所岁计支米十万石，自湖南诸州移运应副鄂州③，至襄阳溯流而上二千一百里，滩浅水急，非两月不可到。且有损失欠折之患，水脚④糜费盖亦不资。

臣谓与其仰给于馈运，不若取之于土产；与其责办于民力，不若官自为之。今襄阳间，沃壤千里，古人屯田遗迹具在，羊祜垦田八百顷，即此地也。故臣先言水利之当修，次言屯田之可广。况汉淮之俗，浅种薄收，殊不劳费，一岁之间，用力不过三次，春耕夏种秋收而已。兵师得人于此，留意每岁春时，差拨官兵广行耕种，事竟即归，收获亦然。及其登场，以四分入官，六分给耕种收获之人。无官军兵，请给甚微，得此望外之物，云胡不喜？将见不待驱迫，争欲服田。官兵既已乐为，然后寓以教阅之法，使之角射，艺之精者，得往比。其反也复使之角射，艺之不废者，再遣之。且耕且教⑤，兵食俱足，积以岁月，可省湖南馈运之劳，而边备有余矣。襄阳见今屯田宾兵五百人，岁收谷麦几万斛⑥，官取其半，惜乎未广也。今既凿水渠，渠之左右无非良田，以渐耕垦⑦，其利十倍。伏望圣慈详酌行下，荆鄂都副统制司相度施行。

【注 释】

①阙：同"缺"，缺少。

②桩积米：指库存米。

③鄂州：今湖北武汉市武昌。

④水脚：水路运输的费用。

⑤且耕且教：一边耕种一边学习。

⑥斛：量器名，古时以十斗为斛，后又以五斗为斛。

⑦渐：灌溉。

论持心

（南宋）黄　裳

【题　解】

黄裳（1146～1194年），字文叔，隆庆普成（今四川梓潼）人。南宋乾道五年（1169）进士。光宗时，历任太学博士、起居舍人、给事中。宁宗时，拜礼部尚书兼侍读。为人忠正良善，深受民众拥戴。谥忠文。著有《王府春秋讲义》、《兼山集》等。

本奏疏写于宁宗刚即位时，旨在规劝皇帝能不忘前车之鉴，持之以恒，办好国事。文中作者提出了三点，即"委任大臣，不能如今日之专"、"奖用台谏，不能如今日之重"、"笃于孝爱，勤于学问，薄于嗜好"。此三点也是为政之要，作者抱病上奏，可见其良苦用心。

【原　文】

孔子曰："有始有卒者，其惟圣人乎？"又《诗》曰："靡不有初，鲜①克有终。"所谓"有始有卒"者，由其持心之一也；所谓"鲜克有终"者，由其持心之不一也。陛下今日初政固善矣，能保他日常如此乎？请略举已行之事论之。

陛下初理万机，委任大臣，此正得人君持要之道，使大臣得人，常如今日，则陛下虽终身守之可也。臣恐数年之后，亦欲出意作为，躬亲听断，左右迎合，因谓陛下事决外庭②，权不归上，陛下不能不肰然于心乎？臣恐是时委任大臣，不能如今日之专矣。夫以万机之众，非一人所能酬酢③，苟不委任大臣，则必借助左右，小人得志，阴窃主权，引用邪党，其为祸患，何所不至，臣之所忧者一也。

陛下奖用台谏④，言无不听，此正得祖宗设官之意。使台谏得人，常如今日，则陛下终身守之亦可也。然臣恐自今以往，台谏之言日关圣听，或斥小人之过，使陛下欲用之而不能，或暴⑤近习之罪，使陛下欲亲之而不可。逆耳之言，不能无厌，左右迎合，因谓陛下奖用台谏，欲闻说论⑥，而其流弊，致使人主不能自由，陛下能不肰然于心乎？臣恐是时奖用台谏，不能如今日之重矣。夫朝廷所恃以分别善恶者，专在台谏，陛下苟厌其多言，则为台谏者，将咋舌闭口，无所论列，君子日退，小人日进，而天下乱矣，臣之所忧者二也。

二事，朝廷之大者。又以三事之初于陛下之身言之：曰笃⑦于孝爱，勤于学问，薄于嗜好。陛下今皆行之矣，未知数年之后，能保常如今日乎？

【注　释】

①鲜：少。

②外庭：即外廷，是皇帝举行大典，接见朝臣的地方。

③酬酢：指交际应酬。酢，向主人敬酒。

④台谏：官名，宋代御史台与谏院的合称。

⑤暴：同"曝"，此处引申为暴露、显露。

⑥谠论：正直的言论。

⑦笃：忠实，厚道。

论人才六事

（南宋）卫 泾

【题 解】

卫泾（1159～1226 年），字清叔，号后乐居士，晚号西园居士，嘉兴华亭（今上海松江）人，徙居平江昆山（今江苏昆山）。孝宗淳熙状元。宁宗时官至御史中丞。开禧三年，参与谋诛韩侂胄，事成授签出枢密院事兼参知政事，封秦国公。后为丞相史弥远所忌，罢知潭州。著有《后乐集》。

此奏疏是卫泾针对当时人才缺乏的情况向宁宗提出的建议。主要围绕人才选用对君主、大臣，以及人才提出了相应的要求，最后建议国君应当明昭天下、大臣要抛却杂念广纳贤才，这对于当时人才缺乏的局面有一定的帮助。

【原 文】

臣闻人材盛衰，系国隆替①。国之将兴，则朝多隽良②，精神可以折冲③；及其将卑，士气销弱，缓急不可倚仗。此为国远虑者所当忧也。然材之盛衰不同，非天之生材有时，其所以壅④于摧伤之也，固非一端也。

《书》称："用人必询于佥谋。"孟士论用贤，必断之国人。盖人才至多，非一人所能尽知。所可信者，天下之公议也。公议所与，从而与之；公议所非，从而去之。予夺去取，一本乎公议，则人之贤不肖，晓然而易辨矣。若舍公议之所在，信任左右以为耳目，则爱恶毁誉或行其间⑤，浸润肤受有不自觉。左右所谓贤，未必为公议之所与也；公议所谓贤，未必不为左右之所忌也。其言亦间有合于公议者⑥，盖欲取信于人主而为他日不肖者之地也。如是，则谄谀阿附之徒侥幸获用⑦，而孤立独行之士无自而进矣。此人材所由衰者一也。

人主之德莫大于虚心无我，舜之所以大，不过曰舍己从人。夫惟虚心无我，则可以翕受众正⑧；舍己从人，则能取人以为善。苟或蔽我有累，无舍己之诚，则爱憎任情不得其正。鲠亮⑨者未必非忠也，而终恶其忤己；谀悦者，未必非佞也，而终喜其顺己。任政事者，据谊执正，则以为好异；遵守成模，则以为称职位；言议者，论奏无隐，则龃龉⑩难合。少所建明，则驯致进用⑪。抑不思鲠亮者果为爱君乎？谀悦者果为爱君乎？此人材所由衰者二也。

序进贤能，大臣之职也。人主不能自用天下之才，故举而属之大臣。大臣进用乖方，裁量失平，则易其人可也。达贤进能之柄不可夺也。大臣欲避主疑以为自安之计，遂不以明扬士类，收拔人物为己任用。舍进退，惟奉成旨，不敢平章。至使衡柄旁出，进取多门，大臣失职，此人材所由衰者三也。

人材固未易遍识，伏于疏远者尤不能知。掺柄者苟平心应物⑫，广询博采，以为贤则用；以为不贤则弃；借未尽当，十得六七矣。奈何平居为亲故择官之意常多，为国求材之意常少，好趋进者以昵己而亟用，乐安恬者以疏己而见遗，权力多助者不能沮止，孤寒寡援者不能荐进。守格法则贤愚同滞，务甄拔则概量无准。此人材所由衰者四也。

士大夫之资禀不能皆齐，而其趋向亦各异。亮直者或易至过抗，而安于循默者必指以为沽名；刚正者或少所涵蓄，而便于容悦者必指以为矫激。私相诋訾①，浸淫不已，遂致人主入其言亦疑其为沽名，疑其为矫激也，而疾之。固彼未免于或偏也，就其偏而论之，世之容默者常多，而刚直者常少。人主又不能为之保持，所以多者常胜，而少者常见沮也。此人材所由衰者五也。

士大夫所以重于朝廷者，以去就不苟也。有官守者不得其职则去，然后可以守其职；有言责者不得其言则去，然后可以行其言。夫义所当去，听其去，非特足以全士大夫进退之节，亦所以重朝廷之职守也。若漫然欲去而不力，泛然止之而即止，去就义乖，廉耻道丧，是人材之与纪纲，上下交坏之也。士大夫愈见属矣。此人材所由衰者六也。

由此观之，人材盛衰曰君、曰大臣、曰士大夫，皆不能无责焉。方今明盛之朝，固无弃材之嫌，而未免有乏人之忧者，其来非一日也。臣愿陛下深惟国家之安危，悯惜人材之衰少，先断自宸衷，公视兼听，照临壅蔽，捐去爱憎，奖纳忠说，然后明昭：大臣不私于进退；士大夫不私于论议，使群材并进，无摧伤壅于之患，则朝廷之基本巩固，贤隽辈出，建功立业，无不如意矣。此尤当今之急务也。惟陛下财幸。

【注 释】

①隆替：盛衰，兴衰。
②隽良：指杰出的人才。
③折冲：原指使敌方战车折返，此处引申为击败敌军。

④壅：堵塞。

⑤毁誉：诽谤和赞扬。

⑥间：偶尔，有时候。

⑦谄谀阿附：谄媚逢迎。

⑧翕：聚，合。

⑨鲠亮：光明磊落。鲠：同"骾"，正直。

⑩龃龉：上下牙齿不配合，比喻意见存在分歧。

⑪驯致：逐渐达到。

⑫掺柄者：掌权者。

⑬诋訾：诽谤，诋毁。

论惩多言之患

（南宋）刘克庄

【题　解】

刘克庄（1187～1269 年），字潜夫，号后村居士，兴化军蒲田（今属福建）人。南宋后期诗词大家，著有《后村先生大全集》。

本奏疏写给理宗帝，因南宋理宗帝时，权臣当道，言路受到阻绝，导致政治腐败。作者借以奏疏劝谏皇帝应当"广开言路"以成就"盛德大业"。

【原　文】

臣闻之道路皆谓："朝廷近惩多言之患，稍有厌言之意。"臣固知其不然也。

陛下自初临御①，导人使谏。凡婴鳞②直突、苦口难堪之言，皆霁③威严、和颜色以受之。间有流落在外，已而相继收召，或至于大用，可谓有君人之度矣。

大臣既再当国，虚心无我。凡意见枘凿④、议论矛盾之人，皆泯恩怨、包同异以容之。初若龃龉⑤难合，俄而欢然相得，或与之同列，可谓有大臣之量矣。

学士、大夫遇主如此，遭时如此，政之得失，事之当否，不有造膝乎？不有附耳乎？而自顷以来，小大之臣，囊封匦奏⑥，往往播腾，上焉者失纳约之义，下焉者犯横议之戒，几于太强聒矣。然其大意不过责难于吾君，责备于吾相尔，岂有他哉？

自昔论议之臣，人主无失德，则言掖庭⑦，或言戚里，或言土木，或言聚敛。陛下毋怪其如此也，求之在上而已。

仁祖⑧，恭俭之主，纳一女口，而王素谏；擢一妃族，而王举正等皆谏。章圣⑨，太平之世，筑一玉清宫而张咏谏。阜陵，英明之主，创一发运使以治财，而张杶谏。不特此也，有选人而上流民图者，有县佐而论储贰者，有诸生而谏花石者，国史书之，天下记之。非诸臣言之之难，而列圣容之之难。故曰求之在上而已。

大臣无可议，则指除授⑩，或指宾客，或指子弟。大臣毋怪其如此也，求之在我而已。权之所在，怨之所归。光荐祖禹同列以为姻⑪，鼎荐九成言者以为党⑫，修至于祖禹、九成有所不免；公著为相，颐为客⑬，求公著而不得者，惟颐之怨，修至于颐有所不免；浚为父⑭，杶为子，其视师淮蜀也，军民有百万生灵，由五十学士之谣台臣⑮，有军国大事付痴駃小子之语，修至于杶有所不免，故曰求其在我而已。不特此也，有以堂后官私事讦普者，有以交结宫掖诋彦博者⑯，有以跋扈诬琦者⑰，有以不敢辩明之谤中弼者⑱，何尝为诸老之瑕疵，适足以见大臣之德度，故曰求其在我而已。夫君相未尝无听纳之意，而中外乃妄有厌倦之疑⑲，非国之美也。臣谓惟圣君，而后可以责难；惟贤相，而后可以责备。使遇猜忌愎谏之主，沉忮怙权之相，孰肯以身试不测之祸乎？

　　臣愿陛下与大臣，采用其言之可行者，以涵养其气；甄录其人之可进者[20]，以招徕其类。则盛德大业，令闻广誉，在上而不在下，在我而不在彼矣。

【注　释】

　　①临御：指登上皇位。

　　②婴鳞：此处比喻触君犯上之意。

　　③霁：消除。

　　④枘凿：凿，榫卯；枘，榫头。此处比喻意见一致。

　　⑤龃龉：意见相左。

　　⑥囊封匦（guǐ）奏：把上奏的折子封存在口袋里，藏在箱子中。比喻不敢再提意见。囊，口袋；匦，箱子。

　　⑦掖庭：皇宫中供妃嫔居住的房舍。

　　⑧仁祖：北宋皇帝赵祯的庙号。

　　⑨章圣：宋真宗赵恒谥号。

　　⑩除授：除旧职，授新职。

　　⑪光：司马光，字君实，北宋政治家、史学家，曾官至宰相。

　　⑫鼎：赵鼎，南宋初大臣。九成：张九成，南京官吏、学者。

　　⑬公著：吕公著，北宋大臣。颐：程颐，北宋哲学家。

　　⑭浚：张浚，字德远，汉州绵竹（今属四川）人，南宋大臣。

　　⑮台臣：辅政重臣。

　　⑯彦博：文彦博，字宽夫，北宋大臣。

　　⑰琦：韩琦，字稚圭，相州安阳（今河南安阳）人，北宋大臣，著有《安阳集》。

　　⑱弼：富弼，字彦国，河南（今河南洛阳）人，北宋大臣。

　　⑲中外：中央和地方。

　　⑳甄录：审查、选拔人才。

论安事二姓

（南宋）文天祥

【题　解】

文天祥（1236～1283 年），初名云孙，字宋瑞，一字履善，号文山、浮休道人。吉安（今江西吉安）人，南宋著名的爱国政治家和文学家。宝祐四年（公元 1256）状元及第，官至右丞相，封信国公。祥兴元年（1278）于五坡岭兵败被俘，元世祖屡劝不降，于至元十九年（1282）十二月在柴市口从容就义。

本文是文天祥被俘后与元世祖忽必烈之间的对话。文天祥誓死不为元朝的威逼利诱所动，拒不投降，孤忠大节，万古攸传。

【原　文】

天祥留燕三年①，坐卧一小楼，足不履地。时，帝求南人有才者甚急，王积翁荐之②，帝即遣积翁谕旨，欲用之。天祥曰："国亡，吾分一死耳。倘缘宽假，得以黄冠归故乡，他日以方外备顾问可也③。若遽官之，非直亡国之大夫不足以图存，举其平生而尽弃之，将焉用我！"……乃诏天祥入，谕之曰："汝移所以事宋者事我，当以汝为相矣。"天祥曰："天祥为宋宰相，安事二姓？愿赐之一死，足矣！"帝犹未忍，遽麾之退④。左右力赞从其请，遂诏杀之于都城之柴市⑤。天祥临刑……南向再拜，死年四十七。其衣带中有赞曰⑥："孔曰成仁，孟曰取义，惟其义尽，所以仁至。读圣贤书，所学何事？而今而后，庶几无愧！"

【注　释】

①燕：燕京（今北京市）。

②帝：元世祖忽必烈。王积翁：南宋的一个降臣。

③宽假：宽容大方。黄冠：道士的别称。方外：世俗之外的地方。

④遽麾之退：挥手示人退下。

⑤柴市：今北京城北，文天祥就义之地。

⑥赞：留下的遗言。

元代

上太宗论守成与用儒臣

（元）耶律楚材

【题　解】

耶律楚材（1190～1244 年），字晋卿，号玉泉老人，契丹族，蒙古国时期杰出的政治家。著有《湛然居士集》等。

本文是为太宗提供治国的谏言，作者尊崇儒学，主张借鉴儒家的治国方略，太宗看后，欣然接纳了他的建议。

【原　文】

元太宗时，中书令耶律楚材上奏曰①："制器者必用良工，守成者必用儒臣。儒臣之事业，非积数十年殆②未易成也。"帝曰："果尔，可官其人。"楚材曰："请校试③之。"于是随郡④考试，虽儒人被俘为奴者，亦令就试。

【注　释】

①元太宗：元太祖成吉思汗的第三子，蒙古国第二代大汗。中书令：可直接为皇上处理文件的官职。

②殆：大概。

③校试：考评、考核。

④郡：又称州郡，古代地方行政区域序列，相当于后来的州，也称州郡。

上书请立学校

（元）不忽麻

【题　解】

不忽麻（1255～1300 年），字用臣，一名时用，号静湛。元朝大臣，为官公正廉明、刚正不阿。

本文写于至元十三年（1276），是作者在国子监就读时和诸生员上奏。当时元世祖正在巩固统治，于是作者上书进言，并提出了较多可行性的建议，上书后深受元世祖重视。所陈内容，至今仍具有一定的参考价值。

【原　文】

臣等闻之，《学记》①曰："君子如欲化民成俗，其必由学乎？""玉不琢，不成器，人不学，不知道。"故古之王者，建国君民，教学为先。盖自尧、舜、禹、汤、文武之世，莫不有学，故其治隆于上，俗美于下，而为后世所法。降至汉朝，亦建学校，诏诸生课试补官。魏道武帝起自北方②，既定中原，增置生员三千，儒学以兴。此历代皆有学校之证也。臣等今复取平南之君建置学校者，为陛下陈之。晋武帝尝平吴矣，始起国子学。隋文帝尝灭陈矣，俾国子寺不隶太常。唐高祖尝灭梁矣，诏诸州县及乡并令置学，及至太宗，数幸国学，增筑学舍至千二百间，国学、太学、四门学亦增生员，其书、算各置博士，乃至高丽、百济、新罗、高昌、吐蕃诸国酋长，亦遣子弟入学，国学之内，至八千馀人。高宗因之，遂令国子监领六学：一曰国子学，二曰太学，三曰四门学，四曰律学，五曰书学，六曰算学，各置生徒有差，皆承高祖之意也。然晋之平吴，得户五十二万而已，隋之灭陈，得郡县五百而已，唐之灭梁，得户六十馀万而已，而其崇重学校已如此。况我堂堂大国，奄③有江岭之地，计亡宋之户，不下千万，此陛下神功，自古未有，而非晋、隋、唐之所敢比也。然学校之政，尚未全举，臣窃惜之。

臣等向被圣恩，俾习儒学。钦惟圣意，岂不以诸色人仕宦者常多，蒙古人仕宦者尚少，而欲臣等晓识世务，以任陛下之使令乎？然以学制未定，朋从数少，譬犹责嘉禾于数苗，求良骥于数马，臣等恐其不易得也。为今之计，如欲人材众多，通习汉法，必如古昔徧立学校然后可。若曰未暇，宜且于大都④弘阐国学，择蒙古人年十五以下、十岁以上质美者百人，百官子弟与凡民俊秀者百人，俾廪给⑤各有定制。选德业充备、足为师表者，充司业、博士、助教而教育之。使其教必本于人伦，明乎物理，为之讲解经传，授以修身、齐家、治国、平天下之道。其下复立数科，如小学、律、学、算之类。每科设置教授，各令以本业训导。小学科则令读诵经书，教以应对进退事长之节；律科则专令通晓吏事；书科则专令晓习字画；算科则专令熟闲算数。或一艺通然后改授，或一日之间更次为之。俾国子学官总领其事，常加点勘，务要俱通。仍以义理为主，有馀力者，听令学作文字。日月岁时，随其利钝，各责所就功课，程其勤惰而赏罚之⑥：勤者则升之上舍，惰者则降之下舍，待其改过，则复升之。假日则听令学射，自非假日，无故不令出学。数年以后，上舍生学业有成就者，乃听学官保举，蒙古人若何品级，诸色人若何仕进。其未成就者，且令依旧学习，俟其可以从政，然后岁听学官举其贤者能者，使之依例入仕。其终不可教者，三年听令出学。凡学政因革、生员增减，若得不时奏闻，则学无弊政，而天下之材，亦皆观感而兴起矣。然后续立郡县之学，求以化民成俗，无不可者。

臣等愚幼，见于书、闻于师者如此。未敢必其可行，伏望圣慈下臣此章，令诸老先生⑦与左丞王赞善等商议，条奏施行，臣等不胜至愿。

【注　释】

①《学记》：是《礼记》中的一篇。

②魏道武帝：指南北朝时北魏道武帝（拓跋珪），鲜卑族人，是魏朝的创建人。

③奄：覆盖。

④大都：元朝国都，今北京市。

⑤廪给：国家供应的谷米。

⑥程：测验考核。

⑦老先生：朝廷中资历较长的官员。

明

代

万言书·求治太速

（明）叶伯巨

【题　解】

叶伯巨（？～1376年），字居升，台州宁海（今浙江宁海）人。通经学，以国子生得授平遥训导。洪武九年（1376），应诏上本《万言书》，被逮捕入狱，不久死于狱中。

本书写于洪武九年（1376），此年九月发生日食，朱元璋诏令天下直言朝政，作者遂上此书，并指出天下可患者有三：分封太侈、用刑太繁、求治太急。不料此书呈上之后，朱元璋大怒，作者也被逮入狱，不久死于狱中。

【原　文】

洪武九年星变，诏求直言。伯巨上书，略曰：

臣观当今之事太过者有三：曰分封太侈也，曰用刑太繁也，曰求治太速也。

……

昔者，周自文、武至于成、康而后教化大行。汉自高帝至于文、景，而后号称富庶^①。文王、武王、高帝之才，非不能使教化行，以致富庶也。盖天下之治乱，气化之转移，人心之趋向，皆非一朝一夕之故。政治之道，固不可骤至。今国家即纪元九年，于兹偃兵息民②，天下大定，纲纪大正，法令修行，亦可谓安矣。而皇上切切以民俗浇漓，人不知惧，法出而好生，令下而诈起。故朝诛而暮犯者，有之。昨日所进，今日被戮者，有之。乃至令下而寻改，已赦而复收。天下臣民，莫之适从，而不能相安者，甚不称主上求治之心也。

愚臣谓天下趋于治也，犹坚冰之将泮也。冰之坚，非太阳一日之光能消之也。阳气发生，土脉微动，和气薰蒸，然后融释。圣人之治天下，亦犹是也。刑以威之，礼以导之，渐民以仁，摩民以义，而后其化熙熙也。孔子曰："如有王者，必世③而后仁。"此非空言也。况今之天下，犹古之天下，民俗虽漓，而民好善恶恶之心，则未尝泯也。用其好善恶恶之心，以正风俗，则求治之道在是矣！

求治之道，莫先于正风俗。正风俗之道，莫先于使守令知所务。使守令知所务，莫先于使风宪知所重。使风宪知所重，莫先于朝廷知所尚。则必以簿书④、期会、狱讼、钱谷之不报为可恕，而世俗流失败坏为不可不问，而后正风俗之道得矣。风俗即正，天下其有不治者乎？古之为郡县守令，为民之师帅，则以正率下，以善导民，使化成俗美者也。征赋、期会、狱讼、簿书，固其职也。今之守令，以户口、钱粮、簿书、狱讼为急务，至于农桑、学校，王政之本，乃视为虚文。而置之不问，将何以教养黎民哉。

以农桑言之，方春，州县下一文帖，里中回申文状而已。守令未尝亲点视种莳⑤，次第旱潦预备之具也。以学校言之，廪膳生员，国家资之以取人才之地也。今各处师生缺员者多，纵使具员，守令亦鲜有礼让之实。作其成器者，朝廷切切以社学为重，教民之急务，故屡行取勘师生姓名，所习课业，如是之详。今之社学，当镇城郭，或但置门牌，远村僻处，则又具其名耳。守令亦未以教养为己任，徒具文案，以备照刷而已。及至宪司分部按临，亦但循习故常，依纸上照刷，亦未尝差一人巡行点视。兴废之实，上下视为虚文，如此，小民不知孝悌忠信为何物。争斗之俗成，奸诈之风炽，而礼义廉耻扫地矣，此守令未知所务之失也。

风纪之司，所以代朝廷宣导风化，访察善恶，条举纲目，约有万事，至于听讼谳狱⑥，其一事耳。今专以狱讼为要务，以获胜多者为称职，以事绩少者为阘茸。一有不称，虽有忠臣、孝子、义夫、节妇，视为虚文末节而不暇举。若是谓之察恶亦近之矣，所谓宣导风化者安在哉！其始但知以去一赃吏，决一狱讼为治，而不知劝民成俗，使民迁善远罪，为治之大者也。此风宪未知所重之失也。

守令亲民之官，风宪亲临守令之官，未知所务如此，所以求善治而卒未能也。《王制》⑦论乡秀士升于司徒，曰选士；司徒论其秀士而升于太学，曰俊士；大乐正又论造士之秀升诸于司马，曰进士；司马辩论官材，论定然后官之，任官然后爵之。其考之详如此，成周得人为盛。今使天下郡邑生员考于礼部，升于太学，使历练众职，任之以事，可以洗历代举选之陋，而上法成周之制矣！然而郡邑生员升于太学，或未数月，遽选入官者，间亦有之。臣恐此辈未谙时政，未熟朝廷礼法，不能宣导德化，上乖⑧国政，下困黎民。虽曰国家养育之仁，然世间奇才，罕有如颜回、耿弇、邓禹者，固可拘于常法，虽贾谊之才，汉朝以年少难任委之。开国以来，选举秀才，不为不多，选任名位，不为不重，自今数之，贤者宁有几人？后之视今，亦犹今之视昔，昔年所举之人，岂不深可痛惜乎！

凡此，皆臣所谓求治太速之过也。

【注　释】

①富庶：物资丰富，人口众多。

②偃兵：停止战斗。偃，停息。

③世：30 年为一世。

④簿书：财政收支的账簿及文书。

⑤种莳：播种。莳，栽种。

⑥谳狱：审判案情。谳，断案。

⑦《王制》：《礼记》中的篇名。

⑧乖：违背。

太皇太后谕二兄"书"

（明）杨士奇

【题　解】

杨士奇（1366～1444 年），名寓，字士奇，号东里，江西泰和（今江西泰和）人。明朝大臣、学者。他博古守正，智慧低调，与杨荣、杨溥并称"三杨"。著有《东里全集》、《文渊阁书目》、《历代名臣奏议》。

本文是杨士奇替当时的太皇太后张氏起草的一封家书，旨在戒敕外戚。在中国封建社会，常有外戚仗恃皇恩为非作歹的事例发生。张氏有鉴于此，借写信给自己的两位兄长，对其谆谆告诫，令其深思"知足不辱，知止不殆"的道理。全篇引人深思，值得学习。

【原　文】

太皇太后致书长兄彭城伯张昶① 三兄都督张昇②：

吾起于寒微，叨蒙国恩，荣及祖宗，显受褒宠，诸兄嗣膺重爵厚禄。合门富贵，与功臣等。此皆列圣天地之赐也！顾岂常有汗马之劳哉？夫受非分之福，宜存非分之虞。古之人有言："知足不辱，知止不殆③！"可不思保全永远之道哉！

吾不幸，仁宗皇帝早逝④，长子宣宗皇帝又继逝矣⑤！今长孙皇帝以幼冲嗣大宝⑥，内间保持辅翼，实系于吾，夙夜兢兢，如执玉，如奉盈，不遑宁处，惧弗堪负荷，上负宗庙圣灵，及辱吾先人。因令外家，欲令皆善。

二兄同气至亲，可不体吾之此心哉！尚其循礼度，修恭俭，以率子孙家人，俾咸慎蹈，毋作衍过，庶以光国家之荣命，而吾先人之祀，亦永有依赖矣！勉之哉！勉之哉！二兄自今惟朝朔望⑦，公朝有政议，悉勿预闻。惟二兄亮之！宣德十年二月十五日。

【注　释】

①太皇太后：即仁宗朱高炽孝昭皇后张氏。

②张昇：字叔晖，孝昭皇后张氏之兄。

③知足不辱，知止不殆：语出《老子》，意为知道满足的人，就不会招致耻辱；懂得进退的人，就不会有危险。

④仁宗皇帝：朱高炽。

⑤宣宗皇帝：朱瞻基。

⑥长孙皇帝：朱祁镇。

⑦朔望：农历每月的初一和十五。

请开经筵疏

（明）杨士奇

【题　解】

杨士奇为官低调，博古守正，深得皇帝信任。宣德十年（1435）宣宗朱瞻基去世，宣宗曾托孤于杨士奇，命其辅佐幼帝朱祁镇。杨士奇尽己之力，一心要辅佐英宗，为此上此奏疏，旨在点明皇帝学习的目标和作用。全文观点鲜明，很有启发性。

【原　文】

伏惟皇上肇登宝位，上以继承列圣，下以统御万邦，必明尧舜禹汤文武之道①，以兴唐虞三代之治。则宗社永安，皇图永固，天下蒙福，永远太平。然其根本，在致力于圣学②，自古贤圣之君，未有不学而能致治者也。

去年十月内，宣宗皇帝③御左顺门，召臣士奇谕之曰："明年春暖，东宫出文华殿读书，凡内外侍从，俱用慎择贤良谦谨之臣。"臣士奇叩头对曰："此国家第一事，正惟其时，伏望皇上留心。"不幸宣宗皇帝上宾，中外皆同哀戚之心，臣未敢遽言。然此事至重，不敢久默，伏望山陵④毕日，早开经筵⑤，以进圣学。

臣等深切之倦倦至，谨具合行事宜陈奏，伏惟采纳，谨具以闻。

自古人君成德，必先于学，未有不学而能成德者。《尚书》曰⑥："王人求多闻，时维建事，学于古训乃有获⑦。"经筵侍讲之官，实为学之资，今皇上进学养德，当预择讲官，必得问学贯通，言行端正，老成重厚，识达大体者数人，以共其职，庶以上副先帝之意。乞预命吏部、礼部、翰林院，公同推举，具名陈奏，取自上裁。如或其人学术不正，立心行己素无善誉者，不得滥预。盖师友之臣，即他日辅导之臣，不可不谨择。

天下就学，其事体与皇太子亲王不同，乞先命礼部、翰林院详定讲筵礼仪陈奏。

皇上圣德正在今日辅养本源。《书》曰："仆臣正，厥后克正；仆臣谀，厥后自圣。后德惟臣，不德惟臣⑧。"盖言仆臣贤否，系君德轻重如此。自古圣贤之君，左右使令，必用正人。今皇上富于春秋，凡起居出入，一应随侍及使用之人，皆宜选择行止端庄，立心行己正当者，使在左右，庶不正之言，不正之习，悉皆屏远，不得以上惑聪明。此事关系最重。伏望太皇太后陛下、皇太后殿下，皆留圣心，为皇上慎选左右随侍，及使用之人。如或其人举动轻佻，语言亵慢，立心行己不正者，皆宜早去之。若不早去，随侍即久，情意相洽，不觉其非，言听计从，后来欲去，其势难矣！古语云："与善人处，如入芝兰之室；与不善人处，如入鲍鱼之肆。"盖言慎所渐染也。此在常人，尚须谨择，何况天子之左右！

伏望太皇太后陛下、皇太后殿下，万万留意。臣深受国恩，无能补报，倦倦愚忠，不敢不尽。伏乞采纳，宗社生民万年太平之福。

【注 释】

①尧舜禹汤文武：指唐尧、虞舜、夏禹、商汤、周文王、周武王。

②圣学：指儒学。

③宣宗皇帝：英宗皇帝之父朱瞻基。

④山陵：指宣宗的陵墓。

⑤经筵：古代帝王为研读经史而特设的御前讲席。

⑥《尚书》：我国现存最早的关于上古时代典章文献的汇编。

⑦王人求多闻，时维建事，学于古训乃有获：语出《尚书》之《说命》，意为皇帝要博闻，适应时机成就大业，用心学习先王的遗典必有收获。

⑧仆臣正，厥后克正；仆臣谀，厥后自圣，后德惟臣，不德惟臣：语出于《尚书》之《同命》，意为随侍之臣正直，则其君正直；随侍之臣阿谀逢迎，其君则应自我约束。臣下的德行影响着君主的德行。

复教习功臣子孙疏

（明）于　谦

【题　解】

　　于谦（1398～1457年），字廷益，号节庵，浙江杭州府钱塘县（今浙江省杭州市）人。明朝名臣，与岳飞、张煌言并称为"西湖三杰"。代表作有《石灰吟》、《节庵诗文稿》。

　　本疏是写给代宗皇帝的，鉴于当时国家正处危难之际急需人才，但很多开国重臣皆已作古，其子孙大多承袭爵禄，养尊处优，不思进取，作者上奏皇帝，建议加强对功臣子孙的教育，使其可以提高自己素质，光宗耀祖，报效祖国。

【原　文】

　　刑部右侍郎江渊题①，伏惟国家隆古崇德报功之典②，凡勋臣之家，前代即加褒银，后代子孙得以承袭爵禄。或遇蒙任使，管理军务。然彼皆出自膏粱、素享富贵，惟务安佚，不习劳苦，贤智者少，荒怠者多。当有事之际，则欲委以机务。莫不张皇失措，一筹莫展，不但有负朝廷恩遇之隆，抑且恐误天下要切之事③。详其所自，皆由平日养成骄惰，不学无术之所致也。乞将近年袭替过公、侯、伯等官，及未袭替其余子弟④，各家除与学职正大教官一员⑤，专教其习读经典、武经等书，讲明君臣父子纲常⑥之道，仍令随各营总兵官，日逐操练，观用兵进退奇正之法。如此，实为有资于朝廷任用，且使各官皆得展效⑦才力，不致坐享厚禄，始终保全，与国咸休⑧矣！

具题奉旨抄出，到部参照切详⑨将臣之任，不博于古典，无以达事理之宜；不练习于平时，无以应仓卒之变。比因⑩国家承平日久，将臣子弟，往往溺于流俗，牵于世好，以致卓异者少，庸碌者多。兹当多事之秋，正宜简⑪将之日，所据公、侯、驸马、伯之家，虽间有奏讨学录、训导等项，在家教书，然其中亦有不曾奏讨者。合无行移五军都督府，转行各该公、侯、驸马。怕，查勘各家若无教官训诲子弟者，令其径自具奏吏部，查照明白，即便简拔学识正大相应之人，奏请除与专一教习经书，开导礼义。使知尊卑之分，及公、侯、驸马、伯，持身处事之道。并随往弟男子侄，若有年力精壮，堪以操习者，俱开本部，日逐赴营，随同总兵官演练武艺，不许晏安怠惰，因循度日，以负朝廷之恩，以隳⑫父祖之业。如此，庶礼义之道明，而将不乏人；骑射之艺熟，而用不误事。

缘奉钦依兵部看了来说。

【注　释】

①江渊：字世用，江津（今属四川）人。时任刑部右侍郎，并给代宗皇帝奏上了《教习功臣子孙疏》。

②伏：句首发语问，表虔敬之意。

③抑且：而且。

④袭替：承袭代替，指继承爵位。

⑤除：受，任命。

⑥纲常：指三纲五常。三纲：君为臣纲，父为子纲，夫为妻纲。五常：仁、义、礼、智、信。此处泛指为人处世的道德准则。

⑦展效：报效。

⑧咸休：共享太平。

⑨切详：详尽贴切。

⑩比因：根本的原因。

⑪简：选拔。

⑫隳：毁坏。

急除奸恶以安宗社以谢天下人心疏

（明）孙 懋

【题 解】

孙懋，字德夫，慈溪（今浙江慈溪）人，正德六年（1511）进士，授福建浦城知县，擢南京吏科给事中。嘉靖十六年（1537）升应天府尹，后因所进乡试录违旨而致仕。著有《孙毅庵奏议》。

此奏疏作于明武宗正德十三年，是为了弹劾佞臣江彬所奏。江彬为官不正，所到之处，皆大肆搜刮百姓，甚至掠人妇女，人民苦不堪言。孙懋在疏中直陈事实，劝皇帝能将其逮捕治罪，以谢天下。全篇言辞恳切，将所陈之事娓娓道来，体现了作者的正直忠义，刚毅清廉。

【原 文】

臣窃观自古国家信用奸邪，未有不为所祸者。盖其始也，媚君以徼宠。其终也，挟君以自恣①。必致危人宗社而后已。载诸史册可具考也。切照都督朱彬本以枭雄之资，兼怀险邪之念。自缘进用以后，专事从谀导非，或游衍驰驱，或声色货利，凡可以蛊惑圣心者无所不至，由是近年间陛下圣德为彬所累者多矣！况复怙宠恃恩，愈肆无忌。乃于去年又导陛下幸南海子②。再幸功德寺，又再幸昌平等处③。地以渐久，游乐无节。轻亵至尊④，流闻四方，惊骇人听，臣即欲指名论奏，犹恐传言未真。且犹冀彬改心易虑，自为善后之图。诚不意彬自知罪盈恶积，公议难容，乃欲挟陛下自庇，故又导圣驾出居庸关⑤，又无大臣一人保护，置陛下孑然独处于沙漠苦寒之地者殆将半载。险哉！彬之用心，诚有不可知也。且彬武夫，其于前代若汉高白登之事，或有未知，至于我朝英庙土木之变，则固习闻之矣，何故乃导圣驾，既临宣府⑥，又过大同⑦。以致引惹虏贼，深入应州等处，与之交战六日六夜。使当时各镇之兵未集，狂虏之众沓来，几何不蹈往辙哉！然昔王振之挟英庙，犹以胡虏犯边，率师亲征。今彬之挟之陛下，不知何所为哉！是振以御寇，彬以诱寇，彬之罪又浮于振也，且圣驾在外数月，万机丛委。两宫违养。庙享不亲。四方灾异迭见。远近盗贼蜂起，中外臣民疑惧。向非皇天眷命之有归，朝廷法度之具在，宗庙社稷⑧亦岌岌乎危哉！是彬也不独陛下之罪人，实宗庙社稷之罪人。且彬在一日，则为宗庙社稷一日之忧。故议者皆曰容一朱彬国之安危未可知也。

臣窃又料彬无以自解，必将肆为巧言，以为行止皆出陛下，欺罔圣听。夫陛下临御，已十有三年于兹，何前此未闻他幸，自彬用事而乃轻出不常如是耶？在陛下寿右方臣亦多矣，何以皆不及从，独彬为之先导耶？正使实如彬言，又独不可谏止之耶？故自彬言之，以为赤心事陛下。自臣观之，实未免包藏祸心尔。彬之罪固有不可得而逃矣。陛下于此宜亦不欲复庇之矣！

臣叨荷国恩，养育成材，备员言官。当此权奸稔⑨恶之秋，正委身图报之日。如缄口自默，徒切浩叹，祸乱已成，噬脐何及？臣之罪则又浮于彬矣！故不得不极力痛切，为陛下言之。尝伏读祖训，有曰："历代多因姑息以致奸人弑侮。当未知之初，一概委用，既识其奸，退亦何难，慎勿姑息。"大哉皇言。所以为万世圣子神孙告者明切矣！伏乞陛下仰承祖训，俯纳刍言，急敕锦衣卫将朱彬拿送法司，按鞫其罪，从重处治。以雪神人之愤，以为奸恶之戒。仍乞陛下自今伊始，端居九重，亲理万机，无事轻出，以重过举，则宗社幸甚！天下幸甚！

【注　释】

①恣：放纵，无拘束。

②南海子：地名。在北京永定门外。

③昌平：县名，今属北京市。

④轻亵至尊：怠慢皇上。

⑤居庸关：关名。在今北京昌平县西北。

⑥宣府：地名。在今河北宣化县。

⑦大同：地名，在今山西大同市。

⑧宗庙社稷：宗庙，古代祭祀祖宗的地方。社稷，土地神和谷神。此处引申为国家。

⑨稔：庄稼成熟。

苏民困以保安地方事

（明）韩邦奇

【题　解】

　　韩邦奇（1478～1556 年），字汝节，号苑洛，明朝邑（今陕西朝邑县）人。明代官员，精通音律。嘉靖三十四年关中大地震中卒。著有《苑洛集》。

　　此疏为韩邦奇任浙江佥事时所作，当时朝中一些佞臣趁朝廷征收贡品之机，在浙江大肆搜刮民财，致使怨声载道。于是作者上奏力陈其害，希望朝廷能制止这种行为，并指出此举将扰乱社会安定，但上疏后正德皇帝并未采纳。全疏义正词严，显示了作者刚正不阿的风节，为世人所称道。

【原　文】

　　奏为苏民困以保安地方事。

　　臣巡历至严州府建德等县、杭州府富阳等县地，据军民人等禀称，本处地方虽出鱼鳔①茶绫等物，人民艰苦，肆府太监差人催督扰害地方，鸡犬不得安生，要行禁约等因到臣。为照前项鱼茶绫鳔系供用之物，未敢擅专②。又访得镇守太监王堂、市舶③

太监崔瑶、织造太监晁进、督造太监张玉，各差参随人等，在于杭严二府地方，催攒前项进贡，固已勒要收头银两，而不才有司官吏及粮里④人等，倚是贡物，无敢稽察，任意科敛⑤，地方被害，人不聊生，而肆府太监伴贡之物，动以万计，是陛下所得者一而太监所得者十，参随人等所得者百，有司官吏所得者千，粮里人等所得者万。利归于私家，怨归于朝廷，上供者一，而下取者万。况此等之物，品不甚奇，味不甚美，何足以供陛下之用哉！及照建富等县地方地瘠民贫，山枯乏樵猎之饶，江清鲜⑥鱼虾之利，兼以近年以来，水旱相仍，征科⑦四出，军民困瘁已极，故前岁流民相聚为乱，一呼千百，几生大变，幸赖抚捕而安，今尚汹汹未靖，往事在鉴，实可寒心，伏望陛下敕下该部，将前项贡物，特从停止，仍行巡按御史并按察司及该道分巡官揭榜戒谕，今后敢有指称进贡名色，在于各地需索财物，骚扰为害，应参奏者奏请究治，应拿问者径自拿问，庶民困可苏，而地方可保无虞矣。

【注　释】

①鳔：鱼体内调节鱼体浮沉的气囊，可以制胶。

②擅专：擅自做主。

③舶：大船。

④粮里：粮长，明代乡设粮长，掌管粮税。

⑤科敛：摊派税捐。

⑥鲜：少。

⑦征科：派收税捐。

论革冗官疏

（明）桂　萼

【题　解】

桂萼（？～1531）字子实，号古山，安仁（治今江西省余江县锦江镇）人。明朝大臣，著有《桂文襄公奏议》、《补遗》等。

本疏主要讨论冗官问题。明朝开国后，随着事务的繁杂，官员人数随之增多，经年累月，由于官员增补无度导致余官较多，大多无所事事，结党营私，这不但加重了国家财政负担，也使国家政权受到了威胁，鉴于此，作者上疏，建议皇上裁汰冗官，并提出了相应的办法，此疏呈上后，受到皇帝嘉赏，并得以推行。

【原　文】

本月二十三日，奉上谕云①："生财之道，以生之者众，食之者寡。今天下诸司官员，比旧时过多。我太祖初无许多②，后来增添冗滥，宜致③百姓难窘，日甚一日。朕欲命卿，会官查议裁革。卿可尽诚布公，为国思之。特谕卿知，可先说说。钦此。"

臣闻，昔在圣帝明王，建邦设都，树后王君公，承以大夫师长，凡以代天理物，为民立极，不徒设也。今国家政令出自朝廷，五府六部则分职率属而倡行之。其在南京，吏部不典铨选，礼部不行贡举，户部无敛散之责，兵部无调遣之行，近者大臣率以无用老疾之人，听其在彼养老，虚糜廪禄，其非我太祖之意。故我太宗皇帝④，初迁北京，亦止权置二三，行在府部官不全设也⑤。

伊考诸古⑥，商都五迁⑦，不别置员；周营洛邑，惟命留后；汉唐旧邦，止设京尹。盖从古已然，今实所当厘正。与凡在内各部、寺属，在外司、府、县管粮管马及王府空闲官僚，因而省之。以补军卫多余首领，及非要冲而设驿递⑧，非要害而设巡司、下邑置丞、小郡添判，如斯之类不可胜数，岁所费不下十余万，宗室禄粮、军士月米为益多矣。故自来有识之士，莫不建议裁减，独以上下拟议不同，或溺于见闻⑨，不觉随事徇非，或畏难苟安，不能相时裁度。惟是生民重困，冗食日滋，因循百年，迄未有改。

自非我大圣人，聪明睿智，达天人者，其孰能独思及此而力行之乎！伏⑩愿皇上，即以圣意，明诏有司，会官廷议，各各备开建置来历，分别应否存留、裁革、省并，奏请定夺。则官减而费易供，选清而俗亦静。所谓"明王立政，不惟其人官，惟其人者"，正在是矣。天下万世，不胜幸甚！

【注　释】

①上谕：皇帝的圣旨。

②太祖：即朱元璋（1328～1398 年）。

③宜致：致使。

④太宗：明成祖永乐帝朱棣（1360～1424 年）。

⑤行在：皇帝出行的住所。永乐七年后，明太宗朱棣长居北京，此即

指北京。

　　⑥伊：句首语气助词。

　　⑦商都五迁：相传商朝曾五次迁都。

　　⑧驿递：驿站。

　　⑨溺：沉溺，执迷不悟。

　　⑩伏：下对上的敬辞。

治安疏

（明）海 瑞

【题 解】

海瑞（1514～1587 年），字汝贤，一字国祥，号刚峰，琼山（今海南省）人。回族。明朝著名清官，一生经历了正德、嘉靖、隆庆、万历四朝。为人正直清廉，深得民心，有"海青天"之誉。

本疏是海瑞写给明世宗的，疏中作者大胆揭发了官场的弊端，并提出了改革意见，希望皇帝采纳，不想此疏一上竟触怒了世宗，海瑞也被逮捕定为死罪，直至世宗病死后才得以释放。疏中体现了作者忠正廉洁、刚正不阿的气节。

【原 文】

户部云南清吏司主事臣海瑞谨奏：

为直言天下第一事以正君道、明臣职、求万世治安事。君者，天下臣民万物之主也。惟其为天下臣民万物之主，责任至重，凡民生利瘼，一有所不闻，将一有所不得知而行，其任为不称。是故养君之道，宜无不备，而以其责寄臣工，使尽言焉。臣工尽言而君道斯称矣。昔之务为容悦，谀训曲从，致使实祸蔽塞，主不上闻焉，无足言矣。过为计者，则又曰："君子危明主，忧治世"，夫世则治矣，以不治忧之，主则明矣，以不明危之。毋乃使之反复眩瞀①，失趋舍矣乎？非通论也。

臣受国恩厚矣，请执有犯无隐之义。美曰美，不一毫虚美；过曰过，不一毫讳过。不容悦，不过计，披肝胆为陛下言之。

汉贾谊陈政事于文帝曰："进言者皆曰天下已安已治矣，臣独以为未也。曰安且治者，非愚则谀。"夫文帝，汉贤君也，贾谊非苛责备也。文帝性仁类柔，慈恕恭俭，虽有近民之美，优游退逊，尚多怠废之政。不究其弊所不免，概以安且治当之，愚也；不究其才所不能，概以致安治颂之，谀也。

陛下自视于汉文帝何如？陛下天质英断，睿识绝人，可为尧、舜，可为禹、汤、文、武，下之如汉宣帝之励精②，光武之大度，唐太宗之英武无敌，宪宗之志平僭乱③，宋仁宗之仁恕，举一节可取者，陛下优为之。即位初年，划除积弊，焕然与天下更始。举其略如箴敬一以养心，定冠履以辨分，除圣贤土木之像，夺宦官内外之权，元世祖毁不与祀，祀孔子推及所生，天下忻忻然以大有作为仰之。识者谓辅相得人，太平指日可期也。非虚语也。高汉文帝远甚。然文帝能克其仁顺之性，节用爱人，吕祖谦称其不尽人之才力，情是也。一时天下虽未可尽以治安予之，而贯朽粟陈，民尽康阜。三代下称贤君焉。

陛下而锐情未久，妄念牵之而去矣，反刚明而错用之，谓遥与可得而一意玄修。富有四海，不曰民之脂膏在是也，而侈与土木。二十余年不视朝，纲纪弛矣。数行推广事例，名爵滥矣。二王不相见，人以为薄于父子，以猜疑诽谤戮辱臣下，人以为薄于君臣；乐西苑而不返宫，人以为薄于夫妇。天下吏贪将弱，民不聊生，水旱靡时，盗贼滋炽，自陛下登极初年，亦有之而未甚也。今赋役增常，万方则效，陛下破产礼佛日甚，室如悬磬，十余年来极矣。天下因即陛下改元之号，而意之曰："嘉靖者，言家家皆净而无财用也。"

迩者，严嵩罢黜，世蕃极刑④，差快人意，一时称清时焉。然严嵩罢相之后，犹之严嵩未相之先而已；非大清明世界也，不及汉文帝远甚。天下之人不直陛下久矣！内外臣工之所未知也。知之不可谓愚，诗云："衮职有阙，惟仲山甫辅之。"今日所赖以弼棐匡救，格非而归之正，诸臣责也。岂以圣人而绝无过举哉？古昔设官，亮采惠畴足矣，不必责之以谏。保氏掌谏王恶，不必设也。木绳金砺，圣贤不必言之也。乃醮修相率进香，天桃天药，相率表贺。兴宫室，工部极力经营，取香觅宝，户部差求四出。陛下误举，诸臣误顺，无一人为陛下正言焉。都俞吁咈之风，陈善闭邪之义，邈无闻矣，谀之甚也。然愧心馁气，退有后言，以从陛下；昧没本心，以歌颂陛下。欺君之罪何如！

夫天下者，陛下之家也。人未有不顾其家者。内外臣工，其官守，其言责，皆所以奠陛下之家而磐石之也。一意玄修，是陛下心之惑也；过于苛断，是陛下情之偏也。而谓陛下不顾其家，人情乎？诸臣顾身念重，得一官多以欺败、赃败、不事事败，有不足以当陛下之心者。其不然者，君心臣心偶不相值也，遂谓陛下为薄臣工。诸臣正心之学微，所言或不免己私，或失详审，诚如胡寅挠乱政事之说，有不足以当陛下之心者。其不然者，君意臣言偶不相值也。遂谓陛下为是己拒谏。执陛下一二事不当之形迹，亿陛下千百事之尽然，陷陛下误终不复，诸臣欺君之罪大矣。记曰："上人疑则百姓惑，下难知则君劳。"今日之谓也。为身家心与惧心合，臣职不明，臣一二事形迹说即为诸臣解之矣。

求长生心与惑心合，有辞于臣，君道不正，臣请再为陛下开之。

陛下之误多矣，大端在修醮。修醮所以求长生也。自古圣贤止说修身立命，止说顺受其正。盖天地赋予于人而为性命者，此尽矣。夫尧、舜、禹、汤、文、武之君，圣之盛也，未能久而不终。下之亦未见方外士汉、唐、宋存至今日，使陛下得以访其术者。陶仲文陛下以师呼之，仲文则既死矣，仲文不能长生，而陛下独何求之？至谓天赐仙桃药丸，怪妄尤甚。昔伏羲氏王天下，龙马出河，因则其文以画八卦；禹治水时神龟负文而列于背，因而第之以成九畴。《河图》、《洛书》，实有此瑞物，泄此万古不传之秘。天不爱道而显之圣人，藉圣人以开示天下，犹之日月星辰之布列而历数成焉，非虚妄事也。宋真宗获天书于乾佑山，孙奭进曰："天何言哉！岂有书也？"桃必采而得，药人工捣合以成者也。无因而至，桃药有足行耶？天赐之者，有手执而付之耶？陛下玄修多年矣，一无所得。至今日左右奸人，逆陛下悬思妄念，区区桃药导之长生，理之所无，而玄修之无益可知矣。

陛下又将谓悬刑赏以督率臣下，分理有人，天下无不可治而玄修无害矣乎？夫人幼而学，无致君泽民异事之学；壮而行，亦无致君泽民殊用之心。太甲曰："有言逆于汝心，必求诸道；有言逊于汝志，必求诸非道。"言顺者之未必为道也。即近事观，严嵩有一不顺陛下者乎？昔为贪窃，今为逆本。梁材守官守道，陛下以为逆者也。历任有声官九部者，至今首称之。虽近日严嵩抄没，百官有儆心焉。无用于积贿求迁，稍自洗涤。然严嵩罢相之后，犹严嵩未相之先而已。诸臣为严嵩之顺，不为梁材之执。今甚者贪求，未甚者挨日，见称于人者，亦廊庙山林，交战热中，鹘突依违，苟举故事。洁己格务，任天下重，使社稷灵长终必赖之者，未见其人焉。得非有所牵掣其心，未能纯然精白使然乎？陛下欲诸臣惟予行而莫逆也。而责之效忠，付之以翼，为明听也，又欲其顺吾玄修土木之误，是股肱耳目，不为腹心卫也，而自为视听持行之用。有臣如仪衍焉，可以成得志与民由之之业，无是理也。

陛下诚知玄修无益。臣之改行，民之效尤，天下之不安不治由之，幡然悔悟，日视正朝，与宰辅、九卿、侍从、言官讲求天下利害，洗数十年道君之误，置其身于尧、舜、禹、汤、文、武之上；使其臣亦得洗数十年阿君之耻，置身与皋、夔、伊、傅相后先，明良喜起，都俞吁咈。内之宦官宫妾，外之光禄寺厨役、锦衣卫恩荫诸衙门带俸。举凡无事而官亦多矣。上之内仓内库，下之户工部光禄寺厂藏段绢、粮料、珠宝、器用、木材诸物，多而积于无用，用之非所宜用亦多矣，诸臣必有为陛下言者。诸臣言之，陛下行之，此则在陛下一节省间而已。京师之一金，田野之百金也。一节省而国有余用，民有盖藏，不知其几也。而陛下何不为之？

官有职掌，先年职守之正，职守之全而未之行，今日职守之废、职守之苟且因循，不认真，不尽法而身以为是。敦本行以端士习，止上纳以清仕途，久任吏将以责成功，练选军士以免召募，驱缁黄游食使归四民，责府州县兼举富教，使成礼俗，复屯监本色以裕边储，均田赋丁差以苏困敝，举天下官之侵渔、将之怯懦、吏之为奸，刑之无少姑息焉。必世之仁，博厚高明悠远之业，诸臣必有为陛下言者。诸臣言之，陛下行之，此则在陛下一振作间而已。一振作而百废俱举，百弊划绝。唐虞三代之治，粲然复兴矣。而陛下何不为之？

节省之，振作之，又非有所劳于陛下也。九卿总其纲，百职分其绪，抚按科道纠率肃清于其间，陛下持大纲、稽治要而责成焉。劳于求贤，逸于任用，如天下运于上而四时六气各得其序，恭己无为之道也。天地万物为一体，固有之性也。民物熙洽，薰为太和，而陛下性分中有真乐矣。可以赞天地之化育，则可以与天地参。道与天通，命由我立，而陛下性分中有真寿矣。此理之所有，可旋至而立有效者也。若夫服食不终之药，遥兴轻举，理之所无者也。理所无而切切然散爵禄、竦精神玄修求之，悬思凿想，系风捕影，终其身如斯而已矣，求之其可得乎？

君道不正，臣职不明，此天下第一事也。于此不言，更复何言！大臣持禄而外为诿，小臣畏罪而面为顺，陛下诚有不得知而改之行之者，臣每恨焉。是以昧死竭惓惓为陛下一言之⑤。一反情易向之间而天下之治与不治，民物之安与不安，系焉决焉。

伏惟陛下留神，宗社幸甚，天下幸甚。

【注　释】

①眩瞀（mào）：混乱模糊。

②汉宣帝：即刘询（前91～前49年）。

③宪宗：即李纯（778～820年）。

④世蕃：即严世蕃（1513～1565年），严嵩之子。

⑤惓惓：真诚的样子。

遵祖制开言路以养士气疏

（明）沈思孝

【题　解】

　　沈思孝（1542～1611 年），字纯父，一字继山，嘉兴（今浙江嘉兴）人。明朝官员。穆宗隆庆二年（1568）进士，初为刑部主事，后授番禺知县。著有《继山草堂集》、《陆沈漫稿》等。

　　本疏上于神宗万历十四年（1586），当时作者任南京太仆卿，疏中建议皇上广开言路，不料上奏后触怒神宗而招责罚。

【原　文】

　　臣待罪滁阳，近接邸报①，吏部衙门办事进士顾允成等，因御史房寰，连章极力攻诋南京都察院右都御史海瑞，乃不胜感愤，共矢精白，为皇上剖陈忠佞，明辨是非。

　　夫三臣之言，千乃人之公言也。皇上既洞察之，俯俞之矣，乃复以出位加罪，褫②其衣冠，放之田里，人心移惑，士气销靡，此邪正治忽所关。其几微，其害大，卒无一人为皇上言者。臣受恩最深，图报靡所，若从畏权阿世，不敢触忌讳而缄默，臣不忍也。臣闻之国家之患，莫大于壅蔽③；人民之罪，莫重于依违。

壅蔽则上下隔淤而忠良沮，依违则朋比承望而是非淆。查得《大明会典》④一款，"凡有利国利民之事，不拘百工技艺之人，皆许具实核奏。"又《大明律》⑤一款，"若百工技艺之人，应有可言之事，许执至御前奏闻。其言可用即付所司施行，各衙门但有阻挡者，鞫问明白斩。"又《卧碑》一款，"一切军民利病之事，许当该有司，在野闲人，有志壮士，质朴农夫，商贾技艺，皆可言之，诸人毋得阻挡"。盖台省之官专以言为责，而诸衙门自职官以至士庶，亦不以言为禁。载在令甲，昭若日星，故民生利弊，时政得失，谏官言之，庶官亦得言之；大臣言之，小臣亦得言之。使天下无不当言之人，无不可言之事，而后聪明益启，幽隐毕达，此祖宗之制，为国家虑至深远也。夫何一二年间，今日以建言防人之口，明日以出位加人之罪，且移文各衙门讥察禁阻，而进士观政者，复令堂官约束教训。夫约束奔竞等风可也，而反约束其谠言直谏；教训忠良等语可也，而反教训其钳口缄唇；此风一倡，其弊何极！谏官避祸希宠不言矣，而庶官又不当言；大臣持禄食交不言矣，而小臣又不许言；异日者万一有权奸大孽、机密重情，皇上将何自而闻之？然则今所约束、所教训，甚非社稷之利也。夫海瑞清节峻猷，廉顽激懦，皇上召之畎亩之间，置之纲纪之地，举一人以风四方，凡有血气者莫不颂皇上明圣，显忠旌直，与二帝三王同符媲美也。律瑞以中庸之道，稍嫌其过；责瑞以通达之材，或非所长；然必有圣之时如仲尼者出焉，而后得以折衷之裁成之耳。彼房寰者邪鄙之夫，贪秽之行，面颜师儒之任，大开贿赂之门，校阅乖谬，关节昭彰，东南已共见闻，非臣所宜指摘者。大抵寰之与瑞，如薰莸异臭⑥鸱凤殊音，不可同日语，即四海之众，三尺之童能辨之，而寰乃指正为邪，变白为黑，显肆倾挤，略无忌惮，一疏不已，再疏必胜，此舆情所共愤，公论所大不平者。顾允成等始入仕籍，初受国恩，遂能明目张胆、披悃沥诚于皇上之前，其心忠、其辞直。况慰留海瑞，切责房寰，皇上之旨，亦既行顾允成等之言矣。行其言而复罪其人也，何哉？夫臣下之进言，与皇上之听言，但问其言之是非而已。如其非也，虽台省宜罪，何可以其有言责而曲贷也？如其是也，虽刍荛宜采，何可以其无言职而加谴也？盖盛世必广求言之门，而本朝原无出位之禁。臣尝历稽掌故，正统间历事乡举士练纲上中兴要务，当时遂蒙俞旨；成化间初选庶吉士邹智上祛邪直谏，后世因称名臣。而观政进士之建言者如成化七年卢玑以史事奏，成化二十二年敖毓元以星变奏，及嘉靖初年张璁以议礼具疏，凡此不遑缕数，皆进士之未授官者，并未闻以出位加罪也。今用顾允成等之言，而故罪之，又因顾允成等之罪而概禁之，未审于祖宗典章，国家禁例，果合乎？否也，此臣之所以不容于无言也。臣岂不知臣之言，亦当蒙出位之罪哉！罪臣者不曰喜事，则曰好名，然使举朝俱不言事，斯世尽不顾名，将不知所底止矣。臣之喋喋，非敢有毫发徇私、背公、市恩沽誉之念，天地神明，实鉴临之。伏乞皇上独奋乾刚，大彰宸断，复顾允成等冠带，仍照资序选用。务除壅蔽之习，亟反依违之风，庶之心不至邪僻，士气不至颓靡。其有裨于邪正治忽之机者，或不小也，臣无任激切陨越之至。

【注　释】

①邸报：朝廷的文书。

②褫：剥夺。

③壅蔽：堵塞遮挡，此处指言路闭塞。

④《大明会典》：即《明会典》，是记录明朝典章制度的断代史。

⑤《大明律》：是中国明朝法令条例，是一部划时代意义的法典。

⑥薰莸异臭：薰，一种香草。莸，一种带有臭味的草。此处代指贤臣与佞巨。

练兵条议疏

（明）戚继光

【题　解】

　　戚继光（1528～1588年），字元敬，号南塘，东牟（今山东蓬莱）人。明朝抗倭名将，民族英雄。著有《纪效新书》、《练兵实纪》、《止止堂集》等。

　　本疏写于隆庆二年（1568），当时明穆宗让戚继光去蓟州、昌平、保定等地练兵，到任后，戚继光经过实地考察和研究，向朝廷提出了一些在边防、练兵等方面的设想和建议。文中的议论条理清晰，分析也极为透彻，足见一个杰出军事家的雄才远略。

【原　文】

　　该总督侍郎谭纶上言边事，以臣为总理，辄蒙俞允，责以训练，置之边鄙。臣于是单骑赴任，由夏及冬，黾勉①视事，已几八月，其所以仰纾皇上宵旰之忧，副有司期望之厚，申共事者驱驰之义，此其时矣。复何忍丧其心志，寄漏舟而胥溺，巢炎栋而待焚哉，特僭②以军务之状，别为数端，虽多亦少之原有七，不练之失有六，虽练无益之弊有四，而继以边事可忧之势，因形战守之宜，敬为皇上陈之。何谓虽多亦少？夫今之忧蓟事者，不过曰"兵不足，食不足"耳，以臣计之见，今蓟之主客兵，将及十五万，除客兵数分之一，乃不为戎而为匠，且尽厮役供办等项，而荷戈者才十之四五；有时点阅，暂执军器以应名；平居练习，悉恃将领以偷安，惟老弱之卒赴边，其冒名顶替，朘③粮肥己者，又不知几何，所谓虽多亦少者一也；缘边鲜郡邑驿递，而经由者莫不资其夫马，即查盘查边，督工差委，络绎不绝，则营堡关塞，俨一驿递传舍④也；至如架炮守墩，尖夜守垛，应援等兵，一遇诸司并临，拨充夫马，犹且不足，所谓虽多亦少者二也；各关寨相去有百里、二三百里者，遇贼入寇，上司调遣，不计远近，不约程限，将领畏恐督责，卷甲疾驰，瘠人瘦马，喘息无暇，岂能御虏？况一时不能遽集，所谓虽多亦少者三也；各省班军四万有奇，到边则分守各区，将领留于镇城，回则听其散漫，惟入边始一识军面，约束不明，行伍不整，张空拳而无裨实用，所谓虽多亦少者四也；步兵不能趋急，马兵临阵，皆舍马而藏于林薮，即人控三马，亦占军一千，不得向敌，况又多不在军者，所谓虽多亦少者五也；厚养家丁，而以营军充其役，驰其马，且听其骚扰，朘军食而供之，家丁盛而军心离矣，苟能使军为家丁，其力孰众？所谓虽多亦少者六也；蓟十区延袤二千余里，每一垛二三军守之，无所不备，则无所不寡，如险不能犯处，止需墩哨守望，而并军于卫所，则何患其寡哉？所谓虽多亦少者七也。何谓不练之失？贼至墙，必肆攻打，我兵亦乘墙角力，而后能守，非平日号令严明，孰肯用命？不惟战需陈亦必练，而后能守，此不练之失一也；守险全恃火器，乃悉皆掩卧尘土间，叩之则云俟报警方给，问其用咸曰不能，此不练之失二也；十区军皆土著，取而练之，谁为守哨，弃此不讲，远求各省，竭力入卫之兵，此不练之失三也；入卫之兵，因循日久，该省既无暇于教练，而戍地复嫌于非属，纵手足精强，而器具不精，号令不习，此不练之失四也；顺天八府班军、民兵于蓟，皆土著之选，教之未必无用，乃以四万众而委之于不教，此不练之失五也；练兵者，将也，今日用将，以勇为上，夫勇一人敌耳，未可与言练兵也，此不练之失六也。何谓虽练无益？以火器言之，一铳数子，脚踏铳而发，惟求分数，不念临阵之宜否，甚而一营之军，以十分之七充铳手，不知五兵以长卫短，以短卫长，所谓虽练无益之弊一也；三军之事，枪刀钩棒，皆有用法，他如司金鼓者，亦有起止、缓急之节，今皆置之不闻，所谓虽练无益之弊二也；今之慑虏者，火器耳，然惟边铳快枪二者，且制造不精，放演无法，外此则弓矢耳，夫弓矢不强于虏，且虏坚甲兜鍪⑤，矢不能贯，所谓虽练无益之弊三也；教练之法，自有正门，须求经练之人，始有实用，苟或用私智以取予，任喜怒以高下，皆虚应故事耳，所谓虽练无益之弊四也。何谓边势之可忧？夫蓟边天险，所贵在守，而有不能者，区军不练，边军多逃，入卫客军，牵制于马，在彼窥间无时，在我乘墙有限，万一虏中有谋，如谭侍郎所云，深入而久住，御之不能，驱之无术，此皆我坐积弱，彼成积威，及今不大为之计，将来之变，有不可知者。何谓因形战守之宜？蓟镇之地有三等。平易交冲，腹裹百里以南之形也；半险半易，近边内地之形也；山谷狭隘，林莽蓊郁，边外迤北之形也。形势既殊，而因形措胜之法，亦必各异。况虏马入内地，声势联络，志气精专，角力平原，固未逆睹，而兵法有云未定可击，又云出其不意。每胡骑初临我边，山谷崎岖，骑不成列，首尾不顾，此非未定可击之时乎。及入犯内地，抢掠已厌，满载而归，无复部伍，此非出其不意之时乎？当此果有练成步兵万数乘之，蔵⑥有不胜者。而虏入平原，莫过车战，在近边莫过骑战，在边外莫过步战，三者俱备，迭相为用。然三者中，又惟未定与不意可胜，而西北边素习于马，未闲山谷与林战之法，臣昔在南方，倭俱巢重山叠险，密林深谷，而浙兵俯攻仰斗，无有不胜，此臣躬试，非臆说也。即使其乘墙而守，亦惟浙兵而守可固，何则？南省邑城，高不逾丈，厚止数尺，复无墩堑偏坡之险，贼动以万数围之，且鸟铳发无不中，吕公车高逾于城⑦，而以浙兵千人守之，累月不下。今边墙既高，临下复有偏坡，杂以品坑，使以浙兵守之，未有不固者，至于鸟铳，已调到三千，分发防秋，伏望敕下廷臣传议，再于浙兵内，取杀手三千，鸟铳三千，或于西北招募新兵，或就蓟镇摘取见兵，即不十万，亦须马足五枝，步足十枝，专听臣统练，与蓟防无碍，俟合练成。凡遇春秋两防，臣将二万分布相近乘守，万一疏虞，致使突入，臣即通行聚合截杀，不惟蓟省入卫之费，而各边亦免空虚之忧，斯战守咸备，一举而四利矣，其应用犒赏，并修整兵车火器，议于何项措处，听臣取用，乞仍将臣前开七原、六失、四弊，逐款作何改图，严督文武边吏，分任责成，战守并举，庶练兵之寄，不为虚文。臣又窃惟边事本有可为之势，但其机不在边鄙，而在朝廷，不在文武疆吏，而在议论掣肘，盖蓟镇切近京都，法令久弛，弊痼既深，更张未易，流言溷淆，朝议纷拏，故应区处振饬者，畏众议而逡巡龃龉，或施行方半，人言偶乘，首尾顾忌，实难展布，易起嫌疑，如蒙皇上允行臣策，受成鼓舞，在于总督，再行监军科道一员，常川监督，容臣教练，及期而用之，未有不效者，如以臣言纰谬，且力诎举赢，竟从沮格，乃徒使臣沿袭故事，干没时流，虏至则踉跄而避死，虏归则捕拾以为功，臣直戆⑧无知，诚不能也。

【注　释】

①黾勉：勤勉。

②僭：超越本职，旧指地位低下的人冒用在上者的名义等。

③朘：剥削。

④传舍：古代供来往行人居住的旅舍。

⑤兜鍪（móu）：古代作战时戴的盔。

⑥蒇（chǎn）：完成。

⑦吕公车：古代攻城时用作瞭望的战具。

⑧戆（zhuàng）：忠厚耿直。

清 代

论用人疏

（清）宁完我

【题　解】

宁完我（1593～1665年），字公甫，辽阳人。曾监修《太宗实录》，翻译《三国志》、《洪武宝训》诸书。

本疏主要是针对当时朝廷用人的问题提出的建议。作者通过列举历史人物的成败得失，总结出人才的选用首先必须考察其为人是否忠正，遇事能否身体力行；其次再看其能力的大小。这一观点在今天仍有借鉴意义。

【原　文】

近日朝鲜交益疏，南朝①和未定，沈城②不可以久都，兵事不可以久缓，机会不可以再失。汉高祖屡败，何为而帝？项羽横行天下，何为而亡？袁绍拥河北之众，何为而败？昭烈屡遭困难③，何为而终霸？无他，能用谋不能用谋，能乘机不能乘机而已。

夫天下，大器也，可以智取，不可以力争。臣请以棋喻。能者，战守攻取，素熟于胸中，百局而百不负。至于取天下者是何等事，而可以草草侥幸耶！自古帝臣相需，先帝时，达拉哈辖五大臣④，知有上，不知有人；知有国，不知有家。故先帝以数十人起克大业。上今环观国中，如五大臣者有几人耶？每侍上治事，不闻谏诤，但有唯阿，惟务苟且，不肯任劳怨，于国何利？于上何益？钓饵激劝，振刷转移，臣望上于旦暮间也。

古人有言，骐骥之局促，不如驽马之安步；孟贲⑤之狐疑，不如庸夫之必至。虽有尧舜之智，咏而不言，不如喑哑之指挥。此言贵能行之。臣谨昧死上言，惟上裁择。

【注　释】

①南朝：指明朝。

②沈城：今沈阳市。天命十年（1625），努尔哈赤迁都于此。

③昭烈：三国时刘备的谥号。

④五大臣：额亦都、费英东、何和里、扈尔汉、安费扬古。

⑤孟贲：战国时的勇士。

请汰冗员疏

（清）向玉轩

【题　解】

向玉轩，四川通江人，明崇祯七年（1634）甲戌科进士。清初政治人物。

冗官问题是历来政治的难题，此疏作者提出了从根本上杜绝冗官的建议，即"铨法宜清"；主张一切遵循典章制度，裁汰冗官。这对于精兵简政很有意义，也是当时政治的需要。

【原　文】

从来治民，首重循良：自流寇发难，军需动出民间，而各官奉行，多有不善，以至财尽民穷，不可收拾。今大贼远遁，畿辅①底宁。一应难民，自当招徕复业。近闻土寇尚横，道途多梗。如固安、易州等处，犹有土贼。定州一州，斩获至六千余人，功则奇矣。然古良吏化民，有卖刀买犊者。即官兵今日斩获之众，亦足证有司从前解散之疏。与其任民作贼，何如化贼为民。所谓地方务在得人者此也。

国家设官，所以集事②，而多则徒为赘瘤。古有云："官不必备，惟其贤。"③今有一事而设数官，一官而至数人者。如内而散局，外则监纪、贴防之类，不可胜数；指挥纷纭，十羊九牧。且任重④即责不能不轻，官多则俸不容不薄。夫任分而彼此互诿，是明开卸担也；俸薄而禄不养廉，是明且教贪也。窃以为诸如此者，遇缺不必铨补，贤能另为改选，于以清浮费而责成⑤，所谓冗员宜汰者此也。

今国家凡有举行，悉遵旧典。一切升转铨除，原有往例。夙负罪戾⑥，似不必复议超迁；既予迁转，似不必复言初秩。至于吏途庞杂多端，尤必根柢有据，案籍可寻，方宜准选。总之，履历明则幸端绝，所谓铨法宜清者此也。

臣承乏吏垣，谨陈一得之愚，伏乞圣明采择。

【注　释】

①畿辅：京城及周边地区。

②集事：集中处理政务。

③官不必备，惟其贤：语出《尚书·周书·周官》，意为官职不必满员，但必须任人唯贤。

④任重：各官署职位工作重叠。

⑤责成：督促他人完成任务。

⑥夙负罪戾：曾经犯过罪的。

崇尚节俭疏

（清）赵廷臣

【题　解】

赵廷臣（？～1679年），字君邻，隶汉军镶黄旗人。顺治二年（1645）自贡生授江苏山阳知县。为官清正，深得民心。康熙十八年（1679）病逝，谥为"清献"。

本疏是作者上任之后，体察民情后而呈。疏中指出了奢侈浪费危害的严重性，建议朝廷应当采取措施，扼制奢侈之风的盛行。此疏呈上后得到了朝廷的赞许，对当时崇尚节俭的社会风气起到了一定的积极作用。

【原　文】

臣闻古人有云，奢侈之害，甚于天灾；臣是以惕然于奢侈之不可为训也。天地虽有自然之财，如百谷出于田野，百货①产自山泽，必待胼胝②而后成，必待采择而后积③。诸如工贾杂作④，易米而食，伐薪而炊，无一不烦经营勤苦，而后可得财之生也。如此其难，若用之如泥沙可乎？

窃⑤见迩来风俗奢侈，一衣服也，极其华丽，庶人僭比公卿，仆隶亦衣绸帛；亦曾念机匠女红，衣砧⑥茧馆中络纬刀尺之辛勤也。一饮食也，极其珍错，果肴皆异品，食物必有上，未曾念虞人⑦钓叟空江蔓草中宿霜餐风之劳瘁也。一器具也，极其精工，不有奇技淫巧，古董玩好，人争以为鄙；亦曾念竹头木屑，百工胼手胝足之艰也。一屋壁也，极其精美，非有峻宇⑧雕墙，连甍广夏，人耻以为陋；亦曾念蔀⑨屋茅檐，农夫塞向瑾户之苦也。以及婚嫁祭葬之事，富者罄囊，贫者称贷，或竭中人之产，倾上农之资而不足。闾阎之侈靡无处不盛，百姓之财力无日不消。是以庶民尚此，居乡必盗；士绅尚此，居官必贿；此民习之所以日坏，官守之所以日弛；率皆奢侈之故耳。若不早挽回，则滥觞不已，物力竭而凋敝乘之，彼愚民何知，俟其穷困而议撙节，晚矣！

臣请皇上严敕内外大小文武臣工，省身约己，去奢尚俭，为愚民表帅，并谕天下百姓，力敦⑩朴素之风，不得丝毫越分奢侈。凡器用服色，悉照原颁等制，违者按律治罪。诚如此行之，则人人有为天地爱财之心而财益足，将见家殷户给，休和毕集，而民风国本培养万年矣。

【注　释】

①货：物资。

②胼胝（pián zhī）：手脚上的老茧。比喻劳作辛劳。

③积：储蓄的物资。

④作：手工行业。

⑤窃：表示个人意见的谦辞。

⑥衣砧：捣衣石。

⑦虞人：古代掌管山泽苑囿田猎的官员。

⑧宇：屋檐。

⑨蔀：遮蔽。

⑩敦：督促。

请禁宴会疏

（清）杨时化

【题　解】

杨时化（1585～1654 年），字季雨，明朝万历年间进士，清朝政治人物。

本文写于清顺治四年，时任给事中的作者眼见八旗上下歌舞升平，鉴于明亡的经验，遂向皇帝上奏，并指出应当禁宴会，防止贿赂之风盛行，并希望朝廷能运用法律，崇俭戒奢，以保持淳朴之风。

【原　文】

臣闻乱亡之祸，多滥觞于荒淫；创垂之猷，必作法于勤俭。未有革命维新①之世，犹仍敝朝侈靡之旧，而加甚焉如今日者也。即如宴会一节，自恒情视之，不过往来之常，纵极暴殄②，有何关系！不知废职诲贪，养交乱政，此为厉阶。岂徒糜费货财、败伤淳朴已耶！请为我皇上备陈之。

明万历、天启之际，海内富庶，盛极而衰，浸淫奢靡，固其宜也。尔时虽朝夕过从，觞筹交错，一席之费，未满一金，而有识者，已预忧夫官邪赂彰③，民穷财尽，既而果然。今海内幸蒙圣武底定，然疮痍未起，闾里萧条④，此正君臣吁咈相戒，殷鉴不远之时。而诸臣年来日从事于宴会，笾醢之贵⑤，三倍于其昔。加以优伶戏剧，五倍于昔。俸入几何，堪此淫纵！臣不知于何得此财，而于何偿此费也。欲其饬簠簋而禁苞苴，不可得也。且臣子朝乾夕惕，犹虑旷官，今才出公署，即赴宾筵，甚有一日几家征召者。人止有此精神，精神既疲于宴会矣，欲其勤于政事，无尸厥官，亦不可得也。孟子所谓流连荒亡，乃见于圣作物睹之际，岂翼为明听之英所宜有耶？圣天子在上，三尺森严，万万不敢淫朋比德⑥，第当丝竹迭奏，优伶献笑之时，欲其言必及义、思切赞襄，商政事之得失，问民生之利病，有此迂腐不近人情之事乎？

臣故曰废职诲贪、养交乱政，此为厉阶也。覆辙在前，势所必至，非敢过为不必然之虑，妄渎圣听也。伏望我皇上鉴前警后，崇俭退奢，塞贪墨之源，革偷惰之习，敕下礼部，严为申饬，制之度数，庶人知廉勤，风还淳朴矣。

【注　释】

①维新：变更旧法，行使新政。

②暴殄：任意糟蹋财物。

③官邪赂彰：政治腐败，贿赂盛行。

④闾里：古代二十五家为一闾。

⑤笾醢：宴会用品。

⑥淫朋比德：意为结党营私，败坏政事。

勤政崇学疏

（清）熊赐履

【题　解】

　　熊赐履（1635～1709 年），字敬修，一字青岳，号素九，别号愚斋。著有《闲道录》、《经义西斋集》、《学统》等。

　　本疏开篇指出"朝政积习未祛，国计隐忧可虑"，再通过对事实的一一列举，建议皇帝应当勤于政事，还要深入学习古人治国之道。用词尖锐，但言辞恳切，体现了他忧国忧民的情怀。

【原　文】

　　朝政积习未祛①，国计隐忧可虑，恭陈管见，仰佐睿谟。臣闻古帝王制治，贵力行，不贵多言。人主格天，在实政感孚②，不在铺张仪具。我皇上聪明天亶，朝纲独握，天下之人，无不翘踵③拭目，以观德化之成。而莅政④以来，设施措置，尤未足以大厌服斯人之望，岂积习之难除欤？抑力行之未至也？如祀郊坛，秉琮璧⑤，敬天矣！而时几敕命，果无间于旦明否也；修实录，率旧章，法祖矣！而觐扬光烈⑥，果无歉于显承否也？早临午御，勤政矣！而章程之丛脞犹烦也；蠲荒赈乏，恤民矣！而井间之疾苦犹剧也。诏修太学矣，而辟雍之钟不闻；疏请经筵矣，而文华几案未设。清铨叙而吏道益杂，肃官箴而废弛滋甚。皇上日孜孜焉，唯又安致治之是务，而曾无一如圣心之所期。此臣之所为太息也。

年来灾异频仍，饥荒迭见，此正宵旰忧勤⑦，撤悬减膳之日伏乞皇上思祖宗付托之重，念朝野望治之殷⑧，恪谨天戒⑨，顾畏民碞。以诚为奉若之本，以敬为绥猷之要，乘乾行健，日强不息，所为君志定而天下之治成矣。然非曰一人垂拱于上⑩，百职事承奉于下，而初无藉于启沃开导也。

宋儒程颐曰："天下治乱系宰相，君德成就责经筵。"是讲学，勤政，二者不可偏废，而在今日尤为最切要者也。臣请莅政之暇，间御便殿，接见儒臣，咨取讲论，如天人理欲之分，危险操舍之界，道术是非之辨，政事得失之由，一一明晰而讨究之。凡措诸事为，征诸政教，无一不本之以诚，操之以敬，而无或有纤微之间怠，则浸渗潜消，庶征协应矣。

【注　释】

①祛：去除。

②感孚：使人感动信服。

③踵：脚后跟。

④莅政：临政。

⑤秉：拿。琮：古代玉器名，常作祭祀及随葬用品。

⑥觐：朝见。

⑦旰：晚上。

⑧治：社会安定，国家太平。

⑨恪：谦谨而恭敬。

⑩垂拱：垂衣拱手，此处以喻天下太平无事。